बिस्मिल्लाह ख़ान

बिस्मिल्लाह ख़ान

बनारस के उस्ताद

लेखक

जूही सिन्हा

अनुवाद

अक्षय कुमार

बहुवचन

नियोगी बुक्स

An imprint of Niyogi Books

प्रकाशक

नियोगी बुक्स

ब्लॉक-डी, बिल्डिंग नं. 77
ओखला औद्योगिक क्षेत्र, फेज़-1
नई दिल्ली-110020, भारत
दूरभाष: 91-11-26816301, 26818960
ईमेल: niyogibooks@gmail.com
www.niyogibooksindia.com

डिज़ाइनः शशि भूषण प्रसाद

ISBN: 978-93-86906-58-8
प्रकाशन वर्षः 2019

मुद्रकः नियोगी ऑफसेट प्राईवेट लिमिटेड, नई दिल्ली, भारत

विषय वस्तु

बनारस की शान - शहनाई की तान
भारतरत्न उस्ताद बिस्मिल्लाह ख़ान

प्रस्तावना

मेरी फ़िल्म 'बिस्मिल्लाह और बनारस' जुलाई 2007 में वार्षिक ओसियन फ़िल्म महोत्सव के प्रतिनिधियों के लिए दिल्ली के ओबेरॉय होटल में दिखाई गई। फ़िल्म को विदेश मंत्रालय के सार्वजनिक कूटनीति प्रभाग के लिए बनाया गया था, जिसने स्क्रीनिंग के बाद प्रतिनिधियों, राजनयिकों, मीडिया और अन्य लोगों के लिए प्रीतिभोज का आयोजन किया था। यहीं पर मेरी मुलाक़ात नियोगी बुक्स के बिकाश नियोगी और उनकी पत्नी तुल्तुल से हुई। फ़िल्म के लिए उनकी सराहना ने मुझमें इस विश्वास को दृढ़ कर दिया कि फ़िल्म की विषयगत संरचना का अनुसरण किया तो मैं इस किताब के साथ न्याय कर सकूँगी। हालांकि फ़िल्म बिस्मिल्लाह ख़ान साहब की करिश्माई मौजूदगी से बहुत प्रभावशाली बन चुकी थी फिर भी मैं उत्साहित थी क्योंकि किताब के ज़रिये से और भी बहुत कुछ प्रस्तुत कर सकती थी। उनके साथ हर मुलाक़ात बीसवीं शताब्दी के बनारस की सांस्कृतिक परम्परा और ऐतिहासिक विरासत के सम्मिलन में आकर्षक अपनेपन की झलक जैसी थी।

जब मैंने उनसे पहले साक्षात्कार के लिए मुलाक़ात की, तब मैं बनारस घराने पर एक फ़िल्म के लिए बनारस में शूटिंग कर रही थी। मैं छह दिनों से शूटिंग कर रही थी और फ़िल्म का ज़्यादातर हिस्सा पूरा कर लिया था, जिसमें कई प्रतिष्ठित कलाकारों के दृश्य शामिल थे। दुर्भाग्य से, इस सूची में उस्ताद बिस्मिल्लाह ख़ान का नाम नहीं था। मैं हर रोज उनके घर फ़ोन करती थी और एक मुलाकात की गुजारिश करती थीं, लेकिन मेरी गुज़ारिश पूरी नहीं हुईं। किसी ने मना नहीं किया, लेकिन किसी ने हाँ भी नहीं की। मेरी टीम बेचैन हो रही थी और शहनाई के उस्ताद के साथ मुलाक़ात में पैसे की बात होने की चर्चा आने लगी थी। मेरी यूनिट के वरिष्ठ सदस्यों ने मुझे बिस्मिल्लाह ख़ान के पीछे न पड़ने की सलाह दी। उनका कहना था कि फ़िल्म उनके बिना भी बनाई जा सकती है। मैं जानती थी कि मैं फ़िल्म बना सकती हूं, लेकिन मुझे लग रहा था कि बिस्मिल्लाह ख़ान के बिना

बनारस घराने पर फ़िल्म बिना नमक के व्यंजन जैसी होती। हताशा में, मैंने मदद के लिए कई फ़ोन किए और सौभाग्य से उनमें से एक का अच्छा परिणाम भी मिला।

अगले दिन मैं बिस्मिल्लाह ख़ान साहब से मिलने गयी। उस वक्त वह तकरीबन नब्बे साल के थे, लेकिन उसकी याददाश्त तेज़ थी, उनके ज़िन्दगी के किस्से सटीक थे (जिन्हें वह बार-बार दोहराते थे!)। उनके अल्फ़ाज़, शहर और उसके लोग, संगीत और नृत्य के उत्सव, वहां के त्यौहार, बनारसी मिज़ाज में रची-बसी मस्ती की एक तस्वीर सी पेश करते थे। अगर वहां ज़िन्दगी का कोई मकसद था तो वह था ज़िन्दगी और उसे जीने के अन्दाज़ को मस्त रखना। जीवन को सहज रूप से लेने का यह तरीका अध्यात्मवाद का केंद्र होने की छवि वाले पवित्र शहर बनारस के साथ पूरी तरह से मेल खाता था।

साक्षात्कार छत के ऊपर बरामदे में किया गया था जो उनके कमरे से जुड़ा हुआ था। ख़ान साहब बिना किसी सजावट वाले बरामदे में एक चारपाई पर बैठे थे। शुरुआत में, देश के सर्वोच्च नागरिक सम्मान भारत रत्न (जो सम्मान अभी तक गिने-चुने लोगों को ही मिला है) से सम्मानित, इस विश्व प्रसिद्ध कलाकार के लिए मेरे मन में बसी छवि के साथ इस मुस्कुराते हुए, खद्धरधारी, विनम्र व्यक्ति का तालमेल बैठाना मुश्किल लग रहा था। उनसे मुलाक़ात के लिए सहायकों और घर के लोगों को की गई तमाम बेकार गई सम्पर्क की कोशिशें और धन की मांग के बेहूदा आक्षेप को मैं लगभग भूल सा गई। निस्संदेह इस शरीफ़ और दिलकश इन्सान की खूबसूरत आकर्षक मुस्कुराहट दुनियावी चीज़ों से ऊपर थी। अगर उन आक्षेपों में ज़रा सी भी सच्चाई थी, तो यह निश्चित रूप से उनके आस-पास रहने वाले लालची और बेईमान रिश्तेदारों का काम होगा।

जैसे ही उन्होंने बातचीत शुरू की, यह स्पष्ट हो गया कि ख़ान साहब का ख़ानदानी दरबारी अन्दाज़ स्वाभाविक था। वह सिर्फ़ और सिर्फ़ एक कलाकार थे। उन्होंने अपनी कहानियां रोचक ढंग से और मज़ाकिया लहज़ा में सुनाईं। कभी दाल मंडी की गायिकाओं का जादू बताने के लिए एक छोटे टुकड़े को गुनगुनाने लगते, तो कभी गायन का बखान करने के लिए शहनाई की धुन मुंह से निकालने लगते। अन्य किस्सों में छोटी से छोटी चीज़ को बताने के लिए नाटकीय अन्दाज़ में आवाज़ में उतार-चढ़ाव लाते और अचानक अंदाज़े बयाँ बदल देते थे। यह कहने की ज़रूरत नहीं है कि मैं पूरी तरह से मंत्रमुग्ध थी और निश्चिंत हो चुकी थी कि उन्हें किसी तरह का लालच नहीं था। वह प्रेरणादायक रचनात्मकता वाले व्यक्ति थे। एक ज़माने में तुच्छ मान कर नकारे गए साज़-शहनाई के साथ उनकी उपलब्धियां अनूठी थीं। वह एक बच्चे के जैसे उत्साह से मेरे सामने बैठे थे, उनकी आँखों में एक चमक थी, वे पूरी तरह सहज थे, उनके झुर्रियों भरे जीवंत चेहरे में भाव बदल रहे थे।

इस पुस्तक को लिखना मुश्किल था, क्योंकि काम करने के लिए मूल अनुसंधान सामग्री बहुत कम थी। रिकॉर्ड, फ़ोटो, पत्र या निमंत्रणों की बहुत कमी थी। उनकी अपनी यादों के अलावा उनके बचपन के बारे में कुछ भी नहीं था। उनके समकालीनों

में से कुछ ही बचे थे। यहां तक कि उनके बच्चों के बचपन, विवाह, प्रस्तुतियों, समारोहों आदि की तस्वीरें भी नहीं थीं। यह बहुत हद तक उस वक्त का तक़ाज़ा था, जिसमें वह पैदा हुए थे, उनकी पृष्ठभूमि और सामाजिक परिवेश, जिसमें वह रहते थे।

बेनिया बाग में बिस्मिल्लाह के घर पर सुविधाएं थीं, थोड़ी आराम की चीज़ें भी थीं लेकिन निश्चित रूप से रईसी दिखाने जैसा तो दूर- दूर तक कुछ नहीं था। यह परिवार की ज़िन्दगी के बरसों पुराने तरीकों की प्रतिबद्धता के कारण भी हो सकता है, लेकिन इसके लिए बिस्मिल्लाह के निजी कठोर तरीक़े भी ज़िम्मेदार थे। वे सख़्त किफ़ायत के चलते कुछ ऐसी चीज़ों के लिए भी मना कर देते थे जिन्हें कुछ लोग बुनियादी ज़रूरत मान सकते हैं। जब एक प्रशंसक ने बनारस के बेहद गर्म मौसम में उनके ऊपर वाले कमरे में एक कूलर लगाना चाहा, तो उन्होंने यह कहते हुए इनकार कर दिया कि इस पैसे से किसी ज़रूरतमंद के घर खिड़की लगवाना बेहतर होगा। बिस्मिल्लाह की शख़्सियत की यह ख़ासियत बाद में उनकी सनक बन गई, जिसको प्रेस ने अक्सर उछाला। रिपोर्टर अपनी निजी धारणा के आधार पर इसे संवेदनहीनता, बड़ाई, दिल्लगी या अविश्वास का रंग देते थे।

पहली मुलाक़ात के बाद मैं बिस्मिल्लाह ख़ान से कई बार मिली और इन मुलाक़ातों के बाद भी मुझे लगा कि मैं एक पहेली से जूझ रही थी। जिस शख़्स से मैं मिली थी, वह उससे बहुत अलग था, जैसा कि प्रेस में बताया जाता था। क्या यह वही शख़्स था जिसने (अगर ख़ुद नहीं, तो परिवार के ज़रिये) कहे जाने के हिसाब से ज़्यादा मेहनताने का तकाज़ा किया और सौदेबाज़ी की? अगर पैसा इतना अहम था और उनकी कमाई इतनी ज़रूरी थी, तो उनके घर, शख़्सियत और उनके रहन-सहन में इनके कोई सबूत क्यों नहीं थे? जिस शख़्स से मैं मिली थी, वह अपने हालात और जो कुछ भी उनके पास था उससे संतुष्ट और सुखी था। वह पूरी तरह शान्त थे। तब उन ख़बरों का क्या मतलब है कि वह मंच पर ही बेचैन हो जाने वाले बदमिज़ाज और शिकायती कलाकार थे? सांस और सेहत की लाज़मी दिक्क़तों के बावजूद प्रदर्शन करते रहने की उनकी मजबूरी क्या थी? क्या यह उनके परिवार के लिए था या यह रचनात्मक आवेग के कारण था? दोनों ही सही नहीं लग रहे थे। वह अपने परिवार में हुक्म चलाने वाले मुखिया थे, जिनसे कुछ ही लोग सवाल कर सकते थे। जीवन के अंत में वह अपने प्रदर्शन को लेकर अक्सर निराश और परेशान होते थे जिसके बारे में वे ख़ुद ही बेहतर जानते थे कि कमी कहाँ रह गई थी।

शायद यह उचित है कि बिस्मिल्लाह ख़ान - उनका जीवन, जीवन-शैली, संगीत और ध्यान – इन सब का रहस्य बना रहना चाहिए। एक दिग्गज ने अपनी ज़िन्दगी के दौरान अपनी प्रतिष्ठा और सम्मान से सबको ऐसा प्रेरित किया कि हम उनका उत्तराधिकारी ढूँढ़ने के लिए आज भी संघर्ष कर रहे हैं। उनकी रहस्यात्मकता दिन-ब-दिन बढ़ती जा रही है और इस अपरिहार्य प्रश्न का सामना करना पड़ता है – कब एक और बिस्मिल्लाह ख़ान होगा?

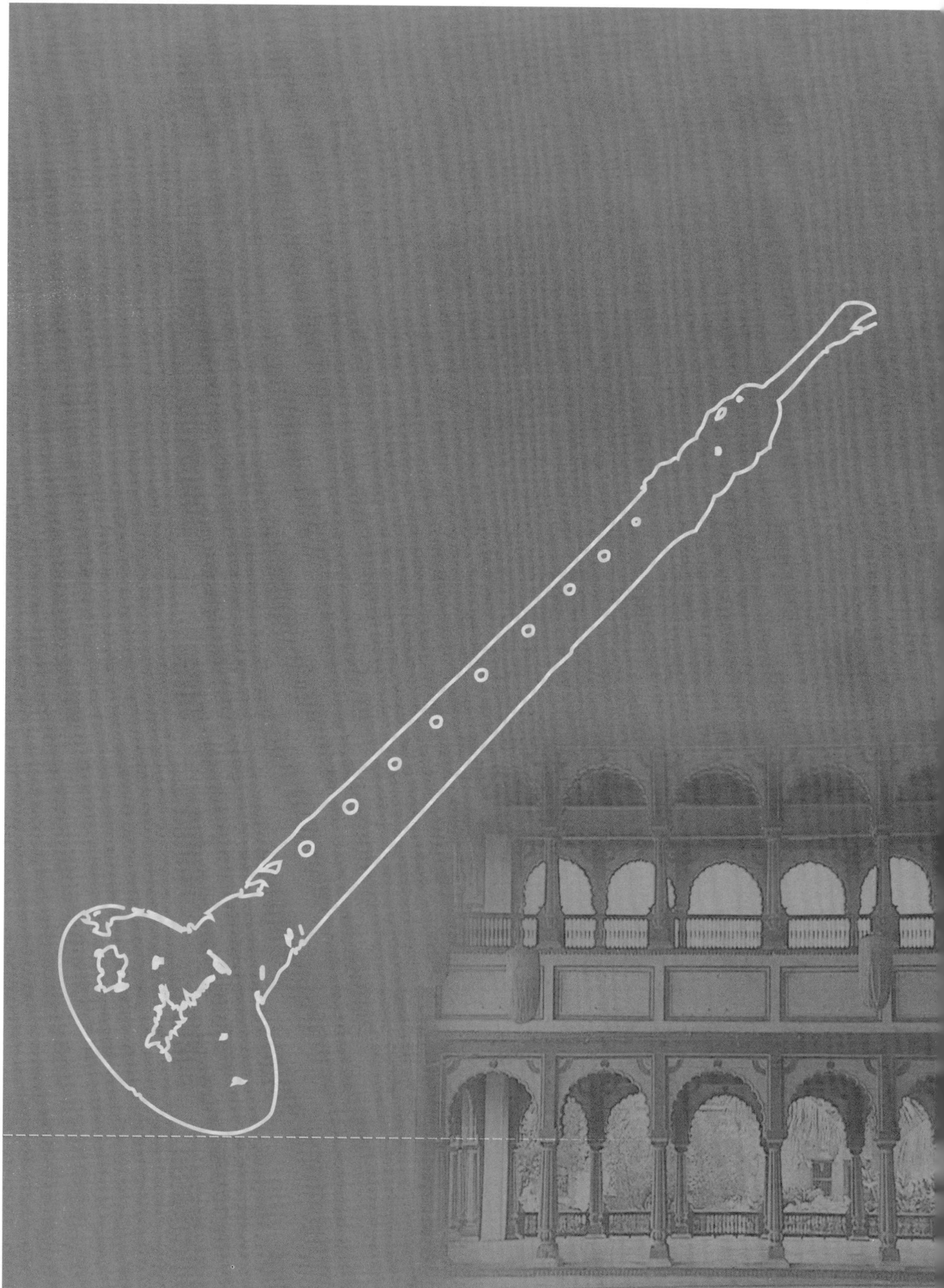

डुमरांव: एक शुरुआत

डुमरांव के बारे में बहुत कम लोगों ने सुना होगा,यह पूर्वी उत्तर प्रदेश की सीमा के पास बिहार के बक्सर जिले का छोटा सा क़स्बा है। करीब एक सदी पहले, यह एक छोटा पर ख़ुशहाल क़स्बा था। इसका अपना एक राजा था - उसका एक महल, राजदरबार, दरबारी और ख़ास शहनाईवादक होते थे जिनकी मधुर और मांगलिक धुन से हर सुबह का आगाज़ होता था। यहीं डुमरांव की - संकरी सी भिरंग राउत की गली ही थी – जहाँ से बिस्मिल्लाह होती है बिस्मिल्लाह की कहानी।

पांच पुश्तों से बिस्मिल्लाह ख़ान का ख़ानदान डुमरांव में ही दरबारी संगीतकार के तौर पर रहता था। वे दरबार के पक्के मुलाज़िम थे जिन्हें हर शुभ अवसर पर, चाहे वह बच्चे की पैदाइश हो, मुंडन, विद्या आरंभ, सगाई हो या शादी, अपने साज़ का अंदाज़ पेश करने को कहा जाता था। सभी महलों में अन्दर एक छोटा मंदिर होता था, इसलिए हर सुबह शहनाई की धुन के साथ देवताओं की आराधना की जाती थी। इसके अलावा, वादक मौसम का उल्लास बढ़ाते थे चाहे वह वसंत का आरम्भ हो, वर्षा ऋतु हो या कोई अन्य उत्सव हो। मुख़्तसर में, वे राजा की चाहत के अनुसार और उसकी मनमुताबिक धुनें बजाते थे।

हालांकि, शहनाईवादकों की तनख़्वाहें बहुत कम थीं, लेकिन उनकी दूसरी सभी ज़रूरतों का ख़्याल रखा जाता था। उनको और उनके परिवार को सब चीज़ें मुहैया कराई जाती थीं और ऐसे भी अवसर होते थे जब राजा अपनी ख़ुशी इनाम में हार या अन्य ज़ेवरात देकर ज़ाहिर करते थे (जैसा कई बार सिनेमा में दिखाया गया है)। महल बनते समय भी शहनाईवादकों के लिए एक ख़ास जगह बनवाई जाती थी। अधिकतर प्रवेश द्वार पर ही एक चबूतरा होता था जिसमें चार से छह संगीतकार बैठ सकते थे। कुछ महलों और हवेलियों में प्रवेश द्वार के पास

डुमरांव महल - डुमरांव बिहार में उत्तर प्रदेश की सीमा के पास छोटा सा क़स्बा है। बिस्मिल्लाह ख़ान के पिता पैगम्बर बक्श और दादा रसूल बक्श राजा के दरबारी संगीतकार थे।

पहली मंज़िल पर एक छोटा छज्जा होता था, जिसे नौबतख़ाना कहा जाता था। कुछ लोगों ने बारादरी बनवाई - एक खूबसूरत बगीचे में गोलाकार चबूतरा -जो मुख्य घर से कुछ दूरी पर होता था। हालाँकि शहनाई हर शुभ अवसर के साथ जुड़ी होती थी किंतु इसे एक बहुत आम साज़ का दर्जा दिया जाता था, इसलिए उसे घर के बाहर रखना बेहतर माना जाता था। वास्तव में ऐसा कहा जाता है कि शहनाई, उसका संगीत और यहां तक कि संगीतकारों के साथ जो सुलूक होता था

उस पर बिस्मिल्लाह ख़ान की दादी एक बार काफ़ी नाराज़ हुईं थीं। उनको लगा कि शहनाईवादकों को महलों, हवेलियों और अमीरों के घरों से बाहर रखा जाता है और उनके साथ अछूतों जैसा व्यवहार किया जाता है।

हालाँकि बिस्मिल्लाह ख़ान के हुनर ने अभी तक शहनाई को छुआ नहीं था, लेकिन इसका यह मतलब नहीं है कि उस समय के साज़िन्दों के हुनर या काबिलियत में कोई कमी थी। दरअसल डुमरांव के परिवार से ही बिस्मिल्लाह ख़ान को अपने हुनर की विरासत मिली थी। परिवार की ही परंपरागत बनारस के मंदिरों और नौबतखानों के शहनाईवादकों की एक अन्य शाखा ने इस हुनर को निखारा तथा संवारा।

21 मार्च, 1916 था। सुगन्धित बसंत का दिन शुरू होने पर किसी भी अन्य दिन की तरह रसूल बक्श का परिवार सुबह की दिनचर्या में व्यस्त था। वह और उनका बेटा पैगम्बर बक्श अपनी शहनाई की मधुर धुन से देवताओं को जगाने के दैनिक अनुष्ठान के लिए डुमरांव के महल जाने की तैयारी कर रहे थे। बस तभी रसूल बक्श की पत्नी उनके पास आई और थोड़ा ठहर कर जाने के लिए कहा। उनके बेटे पैगम्बर बक्श की पत्नी प्रसवपीड़ा में थी। थोड़ी ही देर बाद वह वापस आ गई और उत्सुक रसूल बक्श को उनके घर में एक और पोते के जन्म की ख़ुशख़बरी दी। राहत में रसूल बक्श ने शुकराने और इबादत में अपने हाथ उठाए और कहा, बिस्मिल्लाह! हालांकि बच्चे का नाम क़मरुद्दीन रखा गया था जो बड़े भाई

बनारस के घाट- बिस्मिल्लाह ख़ान ने अपना ज़्यादातर जीवन संगीत, नृत्य और ज्ञान के विख्यात केंद्र बनारस में बिताया, उन्हें बहुत कम उम्र में ही मामा की सरपरस्ती में संगीत सीखने के लिए भेज़ दिया गया था।

शमसुद्दीन के नाम से मेल खाता था, लेकिन दुनिया में वह बिस्मिल्लाह के नाम से जाना गया।

डुमरांव को हमेशा भारत रत्न बिस्मिल्लाह ख़ान के जन्मस्थान के रूप में याद किया जाएगा। इस जगह पर नरकत नाम का एक ख़ास किस्म का बांस उगता था। गंगा की उपनदी सोन के किनारे यह खोखला बांस आज भी होता है। ये तब भी शहनाई के लिए उतना ही आवश्यक था जितना आज है। नरकत के छोटे टुकड़े पाइप के आकार में बनाकर शहनाई में लगाए जाते हैं। नरकत के इन छल्लों को पतूर कहा जाता है और वादक इनसे आवाज़ निकालने के लिए ज़रूरत के हिसाब से हवा फूंकता है। कुछ देर के बाद पतूर गीले और नरम हो जाते हैं और उनकी जगह नये पतूर को लगाने की ज़रूरत होती है। बिस्मिल्लाह के जन्म के लगभग सौ साल बाद उनके वारिस अब भी नरकत खरीदने के लिए डुमरांव ही जाते हैं जहां ज़मीन का एक छोटा सा टुकड़ा रसूल बक्श के घर की याद दिलाता है जहां बिस्मिल्लाह का जन्म हुआ था।

विचारमग्न उस्ताद। बिस्मिल्लाह ख़ान के ननिहाल और ददिहाल दोनों ख़ानदान शहनाई वादकों के थे और उन्होंने उस विरासत को अपने बेजोड़ हुनर से आगे बढ़ाया।

डुमरांव में बिस्मिल्लाह का बचपन साधारण ही था। वह और उनका भाई, हमउम्र और करीबी होने से बड़े परिवार के प्यार और देखभाल में पल रहे थे। उनके हर ओर संगीत का वातावरण था। डुमरांव के राजा के उदार संरक्षण ने यह सुनिश्चित कर दिया था कि परिवार को किसी प्रकार की कमी न हो। फिर भी बिस्मिल्लाह के तीन वर्ष के होने पर उनके पिता महसूस करने लगे कि यदि उनके बेटे डुमरांव में ही रहे, तो उनके पास बुज़ुर्गों की राह पर चलकर दरबारी संगीतकार होना ही एकमात्र रास्ता बचेगा। संभवतः उन्होंने सोचा कि उनके बेटों को विशेषकर संस्कृति-संगीत, नृत्य और ज्ञान की एक समृद्ध परंपरा वाले बड़े शहर में बेहतर मौके मिलेंगे। उस समय बनारस, जिसे वाराणसी भी कहते हैं, धार्मिक और सांस्कृतिक केंद्र के रूप में बहुत प्रसिद्ध था जहाँ देश के सबसे प्रतिष्ठित कलाकार रहते थे। पैगंबर बक्श ने महसूस किया कि उनके बेटों को उस समय के मशहूर शहनाईवादक उनके मामाओं की तालीम, सरपरस्ती और बनारस का मंच मिलने से निश्चित रूप से लाभ होगा। इसलिए चार साल से कुछ कम उम्र में ही बिस्मिल्लाह, उनके भाई शमसुद्दीन और माँ मीठन डुमरांव छोड़कर बनारस आ गए।

डुमरांव के इतिहास से पता चलता है कि 1604 ईस्वी के आसपास इसे स्थापित करने वाले राजा नारायण मल धार (उज्जैन) के राजा भोज के वंशज थे। कई पीढ़ियों के बाद शायद राजा विक्रमादित्य सिंह (1771 ई.) के शासनकाल में बिस्मिल्लाह ख़ान के पूर्वज डुमरांव आए। उस वक्त (1916 ई.) जब बिस्मिल्लाह ख़ान का जन्म हुआ, ऐसा अनुमान है कि महाराजा बहादुर सर केशव प्रसाद सिंह डुमरांव के राजा थे। 1947 में आजादी के बाद डुमरांव ने भी अपना प्रिवी पर्स और महाराजा का ख़िताब इस्तेमाल करने का अधिकार खो दिया था, फिर भी भारत की अन्य रियासतों की तरह पूर्व शासकों को अब भी कुलीन माना जाता था और उसी तरह से संबोधित किया जाता था।

बनारस की रहस्यात्मकता

बनारस के गुदौलिया चौक में शाम को सब कुछ अव्यवस्थित होता है। हर कोई दौड़ रहा है और हर चीज़ चल रही है। यहाँ ठेले, पैदल चलने वाले, साइकिल रिक्शा, ऑटो, कारें, दोपहिये, बसों के हॉर्न तथा शोर से बेपरवाह घूमती गायें भी हैं। सर्दियों की शाम ढल रही है और सड़क पर लगी रोशनी हवा में उठती धूल तथा धुंध से जूझती सी लगती है। मशीनों और आदमियों के तेज़ बोलने की होड़ में शोर बहुत ज़्यादा है।

कुछ ही दूरी पर गंगा के घाटों पर धुंध छा गई है। नदी तट पर लगी छोटी-छोटी रोशनियों से पहचान में आने वाली नावें दशाश्वमेध घाट की ओर बढ़ रही हैं जहां शाम की आरती शुरू होने वाली है। देशी और विदेशी दोनों पर्यटकों की एक भारी भीड़ के साथ ही स्थानीय लोग भी शाम के दैनिक अनुष्ठान के लिए यहाँ इकट्ठा हुए हैं। सदियों से चली आ रही परंपरा के अनुसार यहाँ पूरा बनारस गंगा को नमन करता है।

पीले और लाल रंग के कपड़े पहने युवा पुजारी अपने हाथों में बड़े-बड़े दीये लेकर घाट पर पंक्ति में खड़े हैं और संगीत शुरू होने का इंतज़ार कर रहे हैं। पहले यह संगीत स्थानीय संगीतकारों और भक्तों द्वारा हारमोनियम और तबले की संगत में गाया जाता था, अब टेप रिकॉर्डर पर चलता है। आरती में शामिल होने वाले लोग पहले की तरह आज भी साथ में गाने लगते हैं। आरती के बोल बहुत ही प्रिय और जाने-पहचाने हैं, जो लोग शब्द या धुन नहीं जानते, वे लय के साथ हाथों से ताली बजाते हैं। पूरी तरह से लय-ताल के साथ ज़ोर-शोर से गंगा का मंगलाचरण शुरू होता है। जैसे ही आरती ख़त्म होती है, अचानक सन्नाटा छा जाता है, भीड़ ख़ामोश हो जाती है। दिया और फूल बेचने वालों के अलावा कमाई के लिए रोज़ आने वाले लोग भी ख़ामोश हो जाते हैं। ऐसा लगता है कि नावों में बैठकर आरती

बनारस के गुदौलिया इलाक़े में बेपरवाह घूमती गायों की चहल-पहल।

देख रहे सैलानी भी रात में नदी से होकर आने वाली हवाओं की ठंडक को भी एक पल के लिए भूल जाते हैं। चमकीले दीये घंटियों और ढोल की थाप पर गोल घूमते हैं और धूप की खुशबू हवा में भर जाती है। आधे घंटे की पूजा पूरी होने के बाद वातावरण शान्त हो गया और बनारस के इस जादू को अगली शाम का इंतज़ार है।

जब किन्हीं भी कारणों से चाहे वह युद्ध, अकाल या अन्य प्राकृतिक आपदा हों- उत्तर-पश्चिमी भारत की शुरुआती बस्तियां उजड़ गईं, तो दक्षिण और पूर्व में गंगा नदी के उपजाऊ कछारी मैदानों की ओर लोगों का बसना शुरू हो गया। ऐसी ही सबसे पुरानी बस्तियों में से एक वरुणा और अस्सी नदियों के संगम पर थी, जहां गंगा उत्तराभिमुख होकर कुछ किलोमीटर तक अपने उद्गम गंगोत्री की ओर बहने लगती हैं। दमास्कस के अलावा, आज बनारस, दुनिया में सबसे पुराना जीवन्त शहर माना जाता है।

रोशनी का यह शहर बनारस, वाराणसी या काशी के रूप में भी जाना जाता है। यह पौराणिक कथाओं, जनश्रुतियों और इतिहास में बहुत सम्मानित है। माना जाता है कि यह नगर 5000 साल पुराना है। यहां तक कि हिंदू देवताओं में प्रमुख

सदियों पुरानी परंपरा के अनुसार दशाश्वमेध घाट पर हो रही गंगा आरती।

राम और कृष्ण से भी पहले का, यह भगवान शिव का धाम है और वह ही इसके संरक्षक देवता हैं। इसीलिए यहां मृत्यु के देवता का भी भय नहीं है। इसके विपरीत हिंदुओं का तो यह विश्वास है कि बनारस या काशी में जो मरता है उसका मोक्ष अर्थात जीवन-मृत्यु के चक्र से मुक्ति निश्चित है: काश्यां मरणं मुक्तिः। जैन धर्म के संस्थापक भगवान महावीर के अनुयायी भी हिंदू परंपरा के अनुसार बनारस को तीर्थस्थल मानते हैं। ईसा पूर्व आठवीं शताब्दी में उनके तेईसवें तीर्थंकर (प्रबुद्ध हुए) पार्श्वनाथ का जन्म बनारस में हुआ था। बौद्ध धर्म के संस्थापक गौतम सिद्धार्थ और महावीर दोनों समकालीन थे। दोनों ने पच्चीस सदी पहले यहाँ रह कर उपदेश दिए थे। लुम्बिनी (नेपाल में) में जन्मे गौतम सिद्धार्थ शाक्य वंश के राजकुमार थे। सिद्धार्थ ने अपने राज्य और दुनिया को त्याग दिया और ज्ञान प्राप्त करने के बाद वह बुद्ध कहलाए। वह बनारस आए और शहर के बाहर सारनाथ के हिरण पार्क में उन्होंने अपना पहला धर्मोपदेश दिया।

भारत में बनारस का अपना अनूठा स्थान होने के कई कारण हैं, इनमें से सबसे महत्वपूर्ण गंगा नदी है। भारतीयों की जन-मानसिकता पर गंगा के आध्यात्मिक प्रभाव और इसकी रहस्यात्मकता को नकारा नहीं जा सकता है।

गंगा को लेकर बहुत से मिथक और किंवदंतियां प्रचलित हैं, लेकिन कोई भी इस तथ्य का समुचित रूप से स्पष्टीकरण नहीं कर सका कि दुनिया भर के लाखों लोगों को इसके प्रति क्या आकर्षित करता हैं। गंगा के प्रति दैवीय भाव को आध्यात्मिक रूप देने के पीछे एक अजब सा विश्वास है कि पूर्व की ओर बंगाल की खाड़ी में मिलने से पहले बनारस में उत्तर वाहिनी होकर हिमालय में अपने उद्गम

गंगा पर सूर्यास्त, भारत के लोगों के लिए इसका आध्यात्मिक महत्व है जो बनारस में और ख़ास हो जाता है।

गंगोत्री की ओर बहने लगती हैं। एक असामान्य भौगोलिक क्रिया को दिव्यता का प्रतीक मान लिया गया है। आत्मा का पुनर्भव या पुनरुत्थान जैसे वह अपने उद्भव सर्वशक्तिमान की ओर लौट रही हो। इसलिए बनारस में गंगा का उत्तर की ओर घुमाव बहुत शुभ माना जाता है और यह विश्वास तीन हज़ार साल से यूं ही चला आ रहा है।

भौगोलिक परिप्रेक्ष्य में तो गंगा के उद्गम को हिमालय के गढ़वाल में गोमुख के ग्लेशियर को इंगित करना आसान है जहाँ से वह बर्फ़ की छोटी-छोटी फुहारों की शक्ल में निकल कर दुनिया की सबसे ऊँची बर्फ़ से ढंकी अद्भुत चोटियों के बीच बहती है, जिनमें शिवलिंग, बद्रीनाथ और नीलकंठ की चोटियां हैं। गंगोत्री के मनोहारी गौरीकुंड के जलप्रपात से गंगा का मैदानी सफ़र शुरू होता है।

> अब हम विशाल हिमालय के बीच मौजूद हैं। हिमालय! दुनिया का सबसे ऊँचा पहाड़ इस पवित्र नदी के निकास के लिए माना जाता है। गंगा नदी पूज्य होने के साथ ही भारत की भूमि को उपजाऊ बनाती है और समृद्धि के साधन प्रदान करती है। इन्हीं पहाड़ियों में यहाँ के पवित्रतम तीर्थस्थल भी हैं (फ़्रेज़र 1820)।

गंगा के सम्बन्ध में न जाने कितनी किंवदंतियां प्रचलित हैं जिनके कारण वह इतनी पवित्र मानी जाती है और दुनिया की सबसे प्रिय नदी बन गई है। इन किंवदंतियों को जानते तो भारत में सभी लोग हैं, लेकिन बनारस में उनका विशेष महत्व है, क्योंकि वे यहाँ के दैनिक अनुष्ठानों और क्रियाकलापों की अभिन्न अंग बन गईं हैं। इन कहानियों में सबसे लोकप्रिय राजा सगर की कथा है। उन्होंने हिमालय में कैलाश पर्वत पर पुत्र प्राप्ति के लिए तपस्या की और उन्हें वरदान में 60,000 पुत्र हुए। वह बहुत खुश हुए और चक्रवर्ती राजा बनने का विचार किया। इसके लिए उन्होंने अश्वमेध यज्ञ का अनुष्ठान किया और घोड़े को स्वतंत्र घूमने के लिए छोड़ दिया गया। नियम यह है कि यदि कोई राजा उस घोड़े को पकड़ेगा तो यह समझ लिया जाएगा कि उसने उनके प्रभुत्व को चुनौती दी है। सगर की बढ़ती शक्ति देखकर देवता घबरा गए और उन्होंने घोड़े को कपिल मुनि के आश्रम में छिपा दिया। जब कई सालों तक घोड़ा वापस नहीं आया, तो सगर के पुत्र उसे खोजने निकले। जब वे कपिल मुनि के आश्रम पहुंचे तब मुनि ध्यानस्थ थे। सगर-पुत्रों के इस तरह ज़बरदस्ती घुसने से क्रुद्ध हो उन्होंने उनको शाप दे दिया जिससे वे सब

पूरे भारत से लाखों तीर्थयात्री कुंभ मेला और शिवरात्रि मनाने के लिए बनारस आते हैं। वे नदी के किनारे ही रहते हैं, पकाते हैं, खाते हैं और उस ठंड के बावजूद अस्थायी तौर से बने तंबू में ही सोते हैं।

भक्तगण गंगा में डुबकी लगाने आते हैं। कहा जाता है कि गंगा के पवित्र जल में यह शक्ति है कि वह जीवन के पाप धो दे।

भस्म हो गए। उनका उद्धार गंगा के पवित्र जल स्पर्श से ही संभव था। पौराणिक आख्यान के अनुसार गंगा का निवास आकाशगंगा में था।

> आकाशगंगा सप्तर्षि मंडल और ध्रुवतारे के बीच विष्णु लोक का भव्य-दिव्य रास्ता है। यह उनका धाम है जो सुख-दुःख सब से परे हो चुके हैं। यहाँ सम्पूर्ण चराचर जगत एक साथ समाहित है और समाहित रहेगा। यहीं से वह धारा निकलती है जिसका स्पर्शमात्र सभी का कल्याण करता है (डैरियन, 1988)।

अपने पूर्वजों को कपिल मुनि के शाप से मुक्त कराने के लिए गंगा को पृथ्वी पर लाने को सगर के पौत्र राजा भगीरथ ने गंगोली के तट पर एक हजार वर्ष तक तपस्या की। किन्तु भगीरथ को गंगा की शक्ति का भी ज्ञान था कि उसकी धारा के रास्ते में जो कुछ भी आएगा, नष्ट हो जाएगा। इसलिए उन्होंने भगवान शिव से प्रार्थना की कि वह उसे अपनी जटाओं में रोक लें। शिव जी मान गए और उन्होंने उसके कुछ बूंद मात्र गंगोत्री पर गिराई, जो वहां से चलकर भारत के इस उप-महाद्वीप में बहती हुई गंगासागर (बंगाल की खाड़ी) तक जा पहुंची

जहाँ अन्ततोगत्वा सगर के पुत्रों को मोक्ष प्राप्त हुआ। इस प्रकार एक नदी का उद्गम हुआ जो डैरियन (1988) के अनुसार 'भारतीय कल्पना के अनंत तारों से बुनी एक समृद्ध किन्तु विलक्षण परंपरा है। गंगा की अलौकिक विशेषताओं के स्रोत के रूप और लोकोक्तियों से आगे धीरे-धीरे नदी की शक्ल में भारतीय अनुभवों के मूलतत्व के रूप में आ गईं'।

गंगा की पौराणिकता पर प्रकाश डालते हुए डैरियन (1988) आगे लिखते हैं- 'इसकी जीवन के प्रति चकित करने वाली परिकल्पना, हर वस्तु को एक ही रूप में देखना, संसार को मिथ्या समझना और मृत्यु के प्रति उदासीन भाव, यह सब यहाँ की पौराणिकता में समाहित है।'

गंगा का वास्तविक महत्व उस नदी के रूप में है, जिसका जल पवित्र और पावक है। मनुष्यों को उनके पापों से छुटकारा दिलाता है तथा जीवन में और मृत्यु के बाद भी मुक्ति प्रदान करता है। पूर्ण वैज्ञानिक दृष्टि से भी गंगा के पानी में कुछ विशेष गुण होते हैं। लम्बे समय तक किसी बर्तन में बन्द करके रखने पर भी इसकी शुद्धता और ताज़गी बरकरार रहती है। गंगाजल में शुद्धता, नई शक्ति और जीवन देने की क्षमता होती है। इसमें कोई आश्चर्य नहीं कि गंगा को एक दैवीय स्थान मिल गया है जो निश्चित रूप से तर्क और व्यावहारिकता से ऊपर है।

हिंदुओं के पवित्रतम देवालय विश्वनाथ मंदिर का स्वर्ण-जटित शीर्ष मंदिर भगवान विश्वनाथ (ब्रह्मांड के स्वामी) को समर्पित है।

अगर बनारस की आत्मा गंगा है, तो उसके स्वामी हैं भगवान शिव। विश्वनाथ होने के नाते वह समस्त ब्रह्मांड के स्वामी हैं, लेकिन बनारस (वाराणसी) या काशी उनका अपना घर है। यह वह नगरी है जहां शिव का अनन्त प्रकाश तमस और अज्ञान को दूर कर ज्ञान और हरम आनन्द प्रदान करता है। शिव ज्ञान के आलोक के देवता हैं तो मृत्यु के भी। वह सर्जक के रूप में पूजे जाते हैं तो संहारक के रूप में भी। वह जीवन और सृजन के प्रतीक हैं तो संहार के नृत्य तांडव के भी स्वामी हैं। वह सर्वोत्कृष्ट संन्यासी हैं जिनका शाश्वत निवास दूर हिमालय के दुर्गम पर्वत कैलाश में है। वह गंगाधर हैं, महादेव हैं और गंगा उनकी ऊर्जा एवं सामर्थ्य की द्रवीभूत ब्रह्मांडीय शक्ति है।

शिव अपने विलास अवतार में पार्वती-पति के रूप में काशी में रहते हैं। वह काशी में हिंदू भक्तगणों के पवित्रतम एवं श्रेष्ठतम तीर्थ स्वर्णजटित विश्वनाथ मंदिर में विराजते हैं। ऐसा माना जाता है कि हिंदुओं के 33 करोड़ देवता काशी

बनारस के अधिष्ठाता देवता भगवान शिव का एक छोटा मंदिर।

में वास करते हैं और इसीलिए केवल काशी दर्शन भारत के सभी तीर्थों के दर्शन के बराबर माना जाता है। काशी ही वह नगरी है जहां मनुष्य अपने पुरुषार्थ चतुष्टय – धर्म, अर्थ, काम और मोक्ष को सफलतापूर्वक पूरा कर सकता है।

कहा जाता है कि काशी का नाम राजा काशा के नाम पर पड़ा। कुछ लोगों का अनुमान है कि गंगा किनारे उगने वाली लंबी घास 'काश' के नाम पर काशी का नाम पड़ा। ऐतिहासिक रूप से काशी का वर्णन स्कंद पुराण के 'काशीखण्ड' और ब्रह्मवैवर्त पुराण में 'काशी रहस्य' के रूप में ईसा पूर्व तीसरी शताब्दी में मिलता है।

बनारस ने जिस प्रकार अपनी स्तुतियों एवं मंत्रोच्चार की जीवंत परंपराओं को सदियों से बनाये रखा है वह शब्दों से परे है, यह आज भी पुजारियों, मंदिरों के महंतों और संस्कृत के विद्वानों की दैनिक पूजा का अंग हैं, और यही बनारस के ज्ञान एवं बौद्धिक शक्ति को दर्शाता है। ऐतिहासिक रूप से बनारस को राजनैतिक या प्रशासनिक शक्ति के लिए नहीं जाना जाता, इसका महत्व तो धार्मिक, आध्यात्मिक और बौद्धिक उपलब्धियों के माध्यम से भारतीय सांस्कृतिक परिदृश्य पर इसके प्रभाव के कारण है। यह संस्कृत, धर्मशास्त्र और दर्शनशास्त्र के अध्ययन का प्रमुख केंद्र रहा है।

जैसा पहले कहा जा चुका है कि बनारस हिन्दू धर्म के अतिरिक्त अन्य धार्मिक विचारों की प्रमुख धाराओं, जैसे बौद्ध धर्म का भी केंद्र रहा है। यह बनारस ही था जहाँ बुद्ध अपने सत्य चतुष्टय पर प्रवचन देने और संघ की स्थापना करने के लिए आए, जिसके बाद ही उनका 'धर्म चक्र' अस्तित्व में आया।

उसी काल खण्ड में निकटवर्ती प्रदेश बिहार में जन्मे महावीर की शिक्षाओं को भी बनारस और आसपास के क्षेत्रों में ही मान्यता मिली। इन सब ने बनारस के लोगों, विचारकों और दार्शनिकों पर आध्यात्मिकता की अमिट छाप छोड़ी। बौद्ध धर्म का संयम या कर्मकांडी साधनों अथवा पद्धतियों से इतर व्यावहारिकता पर आधारित बुद्ध की शिक्षाएं बनारस में लोकप्रिय नहीं थीं, फिर भी बुद्ध के उपदेशों के मूल तत्व दया, सहनशीलता, स्वीकार्यता आदि का प्रभाव बनारस के जाति आधारित हिन्दू समाज पर भी धीरे-धीरे पड़ता रहा।

रहस्यवादी कवि कबीर की कविताओं और दोहों ने बनारसी मानस को सबसे अधिक प्रभावित किया। ऐसा कहा जाता है कि उनका जन्म 1398 ई. में बनारस में हुआ था। किंवदंती हैं कि एक ब्राह्मण विधवा से जन्मा एक सुंदर शिशु बनारस के घाट पर परित्यक्त पड़ा था। एक मुसलमान दंपति नीरू और

नीमा ने शिशु का रोना सुना और सन्तानहीन होने के कारण उसे अपने साथ ले आए।

कबीर वास्तव में नियति-प्रदत्त बालक ही थे। बड़े होने पर उनमें जीवन, समय और मानवीय स्वभाव की गहन और गम्भीर समझ पैदा हुई। कहते हैं कि कबीर जानबूझकर अनपढ़ रहे ताकि उनका दिमाग अपने आसपास की दुनिया को आत्मसात करने और समझने के लिए साफ रहे।

उस समय तक बनारस ऐसा केंद्र बन चुका था जहां हिंदू, बौद्ध, मुस्लिम, जैन और सूफ़ी धर्मगुरुओं को अपनी शिक्षा और दर्शन के प्रचार के लिए मंच मिल रहा था। वहां बौद्ध मठों, मस्जिदों और मंदिरों में प्रवचन और परिचर्चाएं होती रहती थीं। कबीर उन सब को बड़े ध्यान से सुनते थे ताकि वह धर्म को अधिक से अधिक जान सकें और जहाँ तक सम्भव हो मानव स्वभाव की दुर्बलताओं को समझ सकें, क्योंकि तमाम ज्ञान के बावजूद कोई भी उन कमजोरियों से मुक्त नहीं था। कबीर जहाँ एक ओर अपने पालने वाले माता-पिता के धर्म इस्लाम से प्रभावित थे वहीं हिंदू संतों जैसे रामानंद के उदार दृष्टिकोण का भी उन पर असर था। इन सभी विचारधाराओं, प्रतिधाराओं के आपस में मिलने से कबीर को अपने धार्मिक विश्वास और धर्म के प्रति एक अनुपम समझ विकसित करने का अवसर मिला। वह हिंदू भी थे और मुस्लिम भी, वह सूफ़ीवाद पर उतना ही विश्वास करते थे जितना भक्तिवाद पर, लेकिन वह इनमें से कोई एक नहीं थे, वह तो बस कबीर थे। उनका ईश्वर 'एक' था और उनका धर्म पवित्र, साधारण बोलचाल की भाषा में दोहों के रूप में वे जल्दी ही बनारस के जनसामान्य की ज़बान तक जा पहुंचे।

कबीर की कविता में विभिन्न सम्प्रदायों के बीच अक्सर धर्म को लेकर छोटी-छोटी बातों पर होने वाले विवादों पर बहुत सारगर्भित टिप्पणियां हैं, जिसमें उन्होंने हिंदू पुजारियों और मुस्लिम मौलानाओं की खुलकर निंदा की, क्योंकि वे सब धार्मिक कर्मकाण्ड को मानते थे, आत्मा को नहीं। उनकी इन टिप्पणियों को सभी ने स्वीकार किया क्योंकि उनके ये स्पष्ट विचार निष्पक्ष और पूर्वाग्रह रहित थे। कबीर जब जब अपना तंबूरा लेकर अपने दोहे गाते हुए बनारस की गलियों से निकलते थे तो उनके कई प्रशंसक उनके साथ हो लेते थे, क्योंकि उनके गीतों की भाषा सरल थी। उनकी उपमा और रूपक सभी समझ सकते थे। आने वाले वर्षों में विद्वानों की कितनी ही पीढ़ियां यह देखकर आश्चर्यचकित होती रहेंगी कि कबीर ने इतनी आसानी से कैसे विचारों और दृष्टिकोण की जटिलताओं को अपने छंदों की यति, गति और मिठास में समेट लिया है। उनके दोहों के संदेश सरल थे कि उस एक

कबीर चौरा नामक इलाके की एक संकरी गली। इस मोहल्ले का नाम संत कवि कबीर पर पड़ा है जिनके साधारण भाषा में लिखे दोहे यह सन्देश देते हैं कि सारे रास्ते एक ईश्वर की ओर ही जाते हैं। ये दोहे आज भी लोकप्रिय हैं।

हिंदू परंपरा के अनुसार सबसे पवित्रतम नगरी बनारस में साधुगण काम और अर्थ से मुक्ति पाने के लिए आते हैं।

ईश्वर की नज़र में सब इन्सान समान हैं; ये सारे बन्धन मनुष्यों के बनाए हुए हैं जो झूठे हैं: *जो ख़ुदा मस्जिद वसत है .....*

अगर ख़ुदा मस्जिद में है
तो यह जहान् फिर किसका है?
राम गर उस बुत में जो तेरे तीरथ में है,
कौन जाने क्या हुआ फिर वह जहाँ हाज़िर नहीं।
हरि मशरिक में रहें; अल्लाह मगरिब में रहें
दिल में अपने झाँक तो मिल जाएंगे दोनों वहीं, राम भी करीम भी
मर्द-ओ-औरत हम सभी उसका ही प्यारा रूप हैं
कबीर तो फ़रज़न्द है अल्लाह का और राम का
वह मेरा है गुरु और वह ही मेरा पीर है
(रवींद्रनाथ टैगोर द्वारा अनूदित '*वन हंड्रेड पोयम्स ऑफ़ कबीर*' से।)

गंगा के तट पर बसे बनारस में गंगा बंगाल की खाड़ी की ओर पूर्व में बहते-बहते अचानक अपने उद्गम स्थल गंगोत्री की ओर मुड़कर उत्तर वाहिनी हो जाती हैं जिसके कारण यहाँ एक दैवीय भाव जुड़ गया है। इसीलिए भक्तगण इसके पवित्र जल में स्नान करने और स्तुति करने आते हैं।

कबीर के दोहे केवल धर्म से सम्बंधित नहीं हैं। उनमें जीवन की वह राह और दर्शन भी प्रस्तुत है जिनके आधार पर कोई व्यक्ति अपना जीवन मर्यादा एवं शालीनतापूर्वक बिता सकता है। उन्होंने अनासक्ति, शान्ति, क्षमा, दया, विनम्रता और मायाजाल के साथ ही मनुष्य की अपनी अनन्त इच्छाओं की दासता के बारे में भी कहा है:

आब गया - आदर गया, नैन का गया सनेह।
ये तीनों तब ही गए, जब ही कहा कुछ दे॥

मर्यादा, स्वाभिमान एवं मित्रों के मन में
स्वागत का भाव यह तीनों तभी समाप्त हो जाते हैं
जैसे ही आप कुछ मांग लेते हैं

कबीर के सार्थक, निडर और सहज बोधगम्य दोहों का प्रभाव बनारस ही, नहीं भारत के दूसरे क्षेत्रों पर भी बहुत अधिक पड़ा। वह यहाँ के एक आदर्श बन गए, एक संत-कवि कर्मकाण्डों और वादों से परे भारत की आध्यात्मिकता के एक स्थायी प्रतीक बन गए। ऐसा विश्वास किया जाता है कि उनकी मृत्यु के बाद उनके अंतिम संस्कार के लिए हिंदू और मुसलमान दोनों ने दावा किया किन्तु जब वे उनका पार्थिव शरीर लेने पहुंचे तो वहां उन्हें ताज़े फूलों का ढेर मिला जिसे दोनों ने आधा-आधा बाँट लिया। हिंदुओं ने अपने हिस्से का बनारस में दाह-संस्कार किया और मुसलमानों ने अपने फूलों को मगहर में सुपुर्दे ख़ाक किया।

सात सौ साल बाद आज भी कबीर के दोहे याद किए जाते हैं, लोग उन्हें पसंद करते हैं और उद्धृत करते हैं। बनारस में उन्हीं के नाम पर कबीर चौरा नामक एक मोहल्ला है। कबीर चौरा से थोड़ी दूरी पर बेनिया बाग है, जहां सदियों बाद, कबीर की उस बहु-साम्प्रदायिक, बहु-सांस्कृतिक धरोहर का निष्ठावान वारिस तैयार हो रहा था, संसार उसे बिस्मिल्लाह ख़ान के नाम से जानेगा।

बनारस के दूसरे महान संत कवि तुलसीदास (1624-1532 ई.) थे। तुलसीदास कृत 'रामचरितमानस' का करोड़ों हिंदुओं के मन में वही स्थान है जो ईसाइयों में बाईबल के लिए है। उनका महाकाव्य और उसके नायक राम की कथा लोग भलीभांति जानते हैं, उसके प्रति श्रद्धा रखते हैं और पूरे भारत में 'रामचरितमानस' का पाठ किया जाता है। तुलसीदास की यह रामकथा बुराई पर अच्छाई की जीत की कथा है, किन्तु इसका निराकार रूप में बख़ान नहीं किया गया है। राम को ऐहिक रूप में प्रस्तुत करने के बावजूद वह ऐसे आदर्श मानव हैं जो सत्य के उच्चतम सिद्धांतों, सद्गुणों और नैतिक मूल्यों के पोषक हैं।

कहा जाता है कि तुलसीदास ने अपने महाकाव्य की रचना गंगा के तट पर की थी। तुलसी घाट उन्हीं की स्मृति को समर्पित है। घाट पर एक छोटा सा मंदिर और एक कमरा है जिसमें महाकाव्यकार की कुछ वस्तुएं रखीं हैं। तुलसीदास ने राम को विष्णु के अवतार के रूप में प्रस्तुत किया है - एक संपूर्ण व्यक्तित्व मर्यादा पुरुषोत्तम के रूप में। बाशम (1983) ने सही ही कहा है- 'तुलसीदास ने मानव संबंधों में उच्चकोटि की नैतिकता एवं दया के भावों का समावेश किया है'।

रामचरितमानस के रचयिता संत कवि तुलसीदास के नाम पर बना 'तुलसी घाट'। कहा जाता है कि अपना महाकाव्य लिखने के लिए वह घाट के ऊपर बने कमरे में रहते थे।

उनकी राम के प्रति श्रद्धा एवं भक्ति 'भक्ति आंदोलन' के 'प्रेम' और पूर्ण समर्पण का सर्वोत्कृष्ट उदाहरण है। तुलसीदास के छंद बनारस के सांस्कृतिक ताने-बाने का वास्तविक प्रतिनिधित्व करते हैं और रामायण बनारस की जीवंत परंपरा है जो हर साल दशहरा मनाते हुए पूरे उल्लास और धूमधाम के साथ देखने को मिलती है, जब लगभग पूरे महीने राम कथा का मंचन किया जाता

भक्तों, पर्यटकों, दुकानदारों, साधुओं और ब्राह्मण पुजारियों / पंडों से भरा बनारस का एक जीवन्त घाट।

है। बनारस में समाज के हर वर्ग के लोग किसी न किसी रूप में उसका हिस्सा होते हैं- सामने मंच पर या मंच के पीछे, कोई अभिनय कर रहा है तो कोई नृत्य निर्देशन, कोई संगीतकार हैं, तो कोई सेट डिज़ाइन करने वाले। रामलीला के मंचन के लिए बनारस ने जाति, धर्म आदि के सभी पूर्वाग्रहों को सहर्ष नकार दिया है। बिस्मिल्लाह और उनके परिवार के लोग भी कलाकार के रूप में या दर्शक की तरह इन उत्सवों से अलग नहीं रह सके।

बनारस के महाराज काशी नरेश यहाँ के सांस्कृतिक दूत और कला के संरक्षक होने के नाते स्वयं हिस्सा लेते हैं जिससे उत्सव का उत्साह और सरगर्मी और भी बढ़ जाती है। हालाँकि बनारस के राजवंश का ज़िक्र महाभारत में है लेकिन वर्तमान काशी नरेश की वंश परंपरा लगभग चार सौ साल पुरानी है। अवध के नवाबों द्वारा मुस्लिम शासन का अन्त अठारहवीं शताब्दी में हो गया जब 1738 ई. में बनारस के राजा की नियुक्ति हुई। अठारहवीं सदी के प्रारम्भ में प्रयाग (इलाहाबाद), अयोध्या आदि धार्मिक शहरों की तरह बनारस भी मुग़लों द्वारा स्थापित और अवध के नवाबों द्वारा पोषित सांस्कृतिक प्रतिमानों से प्रभावित था। मुग़लों का यह प्रभाव बनारस में मस्जिदों और मोहल्लों की बनावट और सूफ़ियों, मुल्लों और पीरों की उपस्थिति से परिलक्षित होता है।

इसके अलावा बनारस में शासकों के विशिष्ट वर्ग और मुस्लिम निम्न वर्ग जैसे जुलाहे वगैरह के बीच हमेशा से मजबूत संबंध रहे हैं। यह परंपरा तब से चल रही है जब हिंदू शासकों ने अपने दरबार लगाए थे। उनका अपना एक सांस्कृतिक ढांचा और अपनी अलग विशिष्टता थी। इसे तब और भी बल मिला जब 1910-11 में अंग्रेज़ी हुकूमत ने महाराजा बनारस को उनके क्षेत्र पर शासन का पूरा अधिकार दे दिया, जबकि बनारस शहर पर अपनी हुकूमत बरकरार रखी।

> इस व्यवस्था में भूमिहार राजवंश, गोसाइयों और व्यापारी-साहूकारों इन तीनों के सहयोग का जो सांस्कृतिक और राजनैतिक प्रभाव चला आ रहा था, उसे सरकारी तौर पर मान्यता मिल गई। इसका परिणाम यह हुआ कि यह प्रभाव जो अभी तक अनौपचारिक रूप से चल रहा था अब औपचारिक रूप से रजवाड़े के रूप में स्थायी हो गया। (फ्राईटाग, 1989)

मुख्य घाटों के सामने गंगा तट पर स्थित रामनगर के किले और महल से गंगा का दृश्य।

फ्राईटाग (1989) के अनुसार, बनारस कलाकारों और बुद्धिजीवियों के संरक्षण का महत्वपूर्ण केंद्र था और यह 'निपुण भारतीय प्रशासकों' को अवसर प्रदान करता था।

उदाहरण के लिए, महाराजा की परिषद में व्यापारियों, ज़मींदारों की कौम और शिक्षित वर्ग के विशिष्ट लोगों का संगम दिखाई देता था जिसके परिणाम-स्वरूप 'हिंदू व्यापारी-शैली' की संस्कृति का प्रादुर्भाव हुआ। इन तीन वर्गों ने आपस में मिलकर सफलतापूर्वक संस्कृति को वह स्वरूप दिया कि उसमें शहर में रहने वाले भी शामिल हो गए। एक मायने में कहा जाए तो यह उत्तर भारत के शहरी इलाकों में बेमिसाल था।

बनारस को सांस्कृतिक केंद्र के रूप में एक अलग पहचान दिलाने में यहाँ के महाराज, 'काशी नरेश' का बहुत बड़ा योगदान था। वे बनारस के अधिकतर सांस्कृतिक क्रियाकलापों के संरक्षक थे और उनका अपना सौंदर्यबोध सुरुचिपूर्ण कलाओं के विकास में बहुत सहायक रहता था। बनारस के सुविख्यात महाराजाओं में से एक ईश्वरी नारायण सिंह (1835-89) थे। वह विद्वान, कलाओं के संरक्षक और संगीत तथा कविता के अनन्य प्रेमी थे। उनके परवर्ती राजाओं ने उस परम्परा को ज़ारी रखा ताकि देश में बनारस की अपनी ख़ास जगह बनी रहे जहां शिक्षा, संस्कृति, धर्म और आध्यात्मिकता का मिला-जुला माहौल बना रहे।

पर्यटक श्मशान घाट के रूप में प्रसिद्ध मणिकर्णिका घाट की गतिविधियों को बड़े कुतूहल से देखते हैं। ऐसा विश्वास किया जाता है कि बनारस में मरने और यहाँ के घाटों पर दाह-संस्कार होने पर आत्मा को आवागमन के चक्र से मुक्ति मिल जाती है।

यहाँ का साम्प्रदायिक सौहार्द्र मुख्यतया मुस्लिम जुलाहों और उनके हिन्दू मालिकों की एक दूसरे पर आर्थिक निर्भरता के कारण भी मज़बूत होता रहा। मुस्लिम जुलाहे सार्वजनिक उत्सवों, जैसे-

> 'लाट (भैरव) का ब्याह,' भरत मिलाप या मंदिरों अथवा किसी और जगह के रोज़मर्रा के रस्मों-रिवाज में शामिल होते थे जिससे बनारस की मिली-जुली तहज़ीब का पता चलता था। यहाँ तक कि मुहर्रम भी यहाँ की संस्कृति का हिस्सा बन जाता था'।

फ्राईटाग (1989) आगे कहते हैं:

> '... बनारसी मुहर्रम का केंद्र उसका जुलूस ही होता था, लेकिन उसके साथ ही आम भागीदारी के रूप में बहुत तरह की गतिविधियाँ होती थीं जिनमें हिंदू और मुसलमान सभी पूरी तरह शामिल होते थे। आरम्भिक शहादत के मूल भाव से उन्हें कोई ख़ास मतलब नहीं होता था।'

बनारस के स्वरूप को पूरी तरह दर्शाने में गंगा के बाद वहां के घाट आते हैं। ये घाट उन करोड़ों लोगों के लिए साधन स्वरूप हैं जो गंगा और यहाँ रहने वाले 33 करोड़ देवी-देवताओं की पूजा-अर्चना करने आते हैं। यह दुनिया का अकेला शहर है जहां देवी-देवताओं की संख्या यहाँ के निवासियों से कहीं ज़्यादा है। बनारस में गंगा के किनारे लगभग सौ घाट हैं, जो सभी किसी न किसी रूप में पवित्र माने जाते हैं। फिर भी उनमें से कुछ घाट ऐसे हैं जिन्हें सदियों से भक्तगण विशेष महत्व देते हैं। उनमें भी दशाश्वमेध घाट सबसे अधिक पवित्र और प्रसिद्ध माना जाता है।

दशाश्वमेध घाट को अब तीर्थ समझा जाता है और यहां पर स्नान करना विशेष फलदायक माना जाता है। लोकोक्ति ऐसी है कि इस घाट का नाम राजा दिवोदास द्वारा किए गए यज्ञ के आधार पर पड़ा है जिसका अनुष्ठान उन्होंने स्वयं ब्रह्मा जी के कहने पर किया था। दशाश्वमेध घाट पर हर रोज़ भक्तों की भीड़ रहती है और यहां पर चलने वाली गतिविधियां भी विस्मयकारी होती हैं। यहाँ मुन्डन से लेकर पिंडदान तक होता है। घाटों पर लाइन लगाए पंडे हर तरह की पूजा कराते हैं- चाहे वह पुत्र की प्राप्ति के लिए हो या विद्या आरम्भ की, शादी के लिए हो या व्यापार में बढ़ोतरी के लिए, शांति पाने के लिए या सुख पाने को,

बनारस की मिठाइयां और दूसरी स्वादिष्ट खाने-पीने की चीज़ें विशिष्ट होती हैं। उनमें से कुछ मिठाइयां तो सदियों से बनाई जाती रही हैं और उनके बनाने की विधि प्रयत्नपूर्वक छिपाई जाती है। बनारस के लोगों का विश्वास है कि यह गंगा के पानी की विशेषता है जिसके कारण यहाँ बनने वाली हर चीज़ इतनी लज़ीज़ होती है।

आनन्द लेते तीर्थयात्री- कितने ही लोग अपनी सालों की जमा-पूँजी खर्च करके दूर-दूर से आते हैं। उनके लिए बनारस आना ही किसी अनुष्ठान से कम नहीं है।

अर्थात मानव जीवन की सभी इच्छाओं की पूर्ति के लिए पूजा की जाती है। यहां पूरे भारत से लोग आते हैं। कुछ के लिए तो बनारस आना जीवन का परम लक्ष्य होता है। उनके अनुष्ठानों और पूजा में युगों से चले आ रहे हिंदुओं के आस्था और विश्वास होते हैं और यही हैं जिन्होंने बनारस को एक शाश्वत नगर बना दिया है जहाँ आज की दैनिक गतिविधियों में अतीत परिलक्षित होता है।

बनारस की दूसरी पहचान प्राचीन मणिकर्णिका घाट है । हिंदुओं का विश्वास है कि बनारस में मरने और मणिकर्णिका घाट पर दाह-संस्कार होने से जीवन और मरण के चक्र से मुक्ति मिलती है और मोक्ष की प्राप्ति होती है। श्मशान घाटों के बारे में बहुत कुछ कहा गया है किन्तु मानवीय आस्था का इससे बड़ा कोई प्रमाण नहीं होगा कि यह विश्वास किया जाता है कि भगवान विश्वनाथ की नगरी में वह आध्यात्मिक शक्ति है कि यहां मिलने वाली मृत्यु भी अमरत्व और मोक्ष निश्चित कर देती है। बनारस नगरी है रहने की, आदर्श जगह है मरने की और शाश्वत परमानन्द में विलीन हो जाने की।

अक्टूबर-नवंबर के बीच कार्तिक पूर्णिमा की रात पंचगंगा घाट पर हर साल एक विशेष अति सुंदर, दिल को छूने वाला अनुष्ठान होता है। यहाँ एक छोटी सी टोकरी में एक दीप रखकर एक लम्बे बांस में लटका दिया जाता है। इस घाट पर विधवाएं अपने स्वर्गवासी पति के लिए अर्चना करने आती हैं और यह दीप लटका देती हैं- ये 'आकाश दीप' दूसरी दुनिया में उनके पतियों के लिए मार्ग

नीचेः *हर शाम, गंगा अपने पवित्र जल में प्रवाहित पत्तों के दोनों में रखे दीपों से जगमगा उठती है जो उस शान्त वातावरण में उसकी पावनता को और भी बढ़ा देते हैं।*

प्रकाशित करेंगे। उन स्त्रियों के विश्वास और भक्ति से घाट जगमगा उठता है और छोटे-छोटे दीयों की टिमटिमाहट के सामने पूर्ण चन्द्रमा फीका हो जाता है।

बनारस के कुछ घाटों का महत्व सांसारिक कारणों से बढ़ जाता है, जैसे चेत सिंह घाट 'काशी नरेश' का है तो शानदार दरभंगा घाट दरभंगा के शाही ख़ानदान का है। मीर घाट मुग़ल शासन के समय के अवध के नवाब के दूत मीर रुस्तम अली के नाम पर है। मीर बनारस के सभी पारंपरिक उत्सवों में हिस्सा लेते थे, इसलिए उन्हें 'बनारसी मिज़ाज, वहाँ की मौज-मस्ती में रचे-बसे व्यक्ति' का सम्मान प्रदान किया गया।

बनारस भारत का सर्वोत्कृष्ट आध्यात्मिक पीठ माना जाता हो, लेकिन इससे बनारसी लोगों का ज़िन्दगी का पूरा लुत्फ़ उठाने का हुनर और रुझान कम नहीं होता। इसमें बनारस और बनारसी लोग हमेशा अपने समय से आगे रहे हैं। उन्होंने आधुनिक गुरुओं के मंत्र को आत्मसात किया है जो यही उपदेश देते हैं कि ज़िंदगी को पूरी तरह जियो और खुश रहो - कोई उपवास नहीं, कोई तप नहीं, कोई वैराग्य नहीं - जीवन एक उपहार है, इसका पूरा आनन्द न उठाना उस कर्ता का अपमान है। वास्तव में बनारस ने अपने इतिहास, पुरातनता, पावनता और आध्यात्मिकता के दायित्व को बहुत सरलता से वहन किया है। बनारसी लोग बनारस की अनुपम शक्ति और प्रतिष्ठा से अभिभूत हुए बिना, अतीत के प्रभाव से मुक्त, भविष्य की चिंता किए बिना वर्तमान में जीते हैं। इस शहर का मौज-मस्ती वाला मिज़ाज, यहाँ के लोगों की आराम फ़र्माने, मज़ा लेने, मस्ती करने की प्रतिबद्धता आलस्य की हद तक हो जाती है। संभवतः फ्रांसीसी कहावत 'जॉय-डी-विवर' यानी बेफ़िक्री से ज़िंदगी का मज़ा लेना, इस शहर के मिज़ाज को बयाँ करती है। जीवन जीने की इस शैली को जितनी ख़ुशी से बनारस के कलाकारों ने स्वीकार किया उतना शायद ही किसी ने किया होगा। ख़ुद बिस्मिल्लाह भी उसी के कायल थे।

लकड़ी पर लाख़ के काम की कला आज भी बनारस में प्रचलित है। खिलौने, छोटे-छोटे बर्तन, डिब्बे और छोटे बक्से वहाँ के रहने वालों और पर्यटकों में समान रूप से लोकप्रिय हैं।

बनारस निवासी लेखक संगीतशास्त्री डॉ. भानु शंकर मेहता ने लेखिका को बताया कि बीसवीं सदी के शुरुआती दिनों में दस रुपये में किसी का भी एक महीने का ख़र्च आराम से चल जाता था। इतना पैसा मिल जाने से अधिकतर लोग काम नहीं करना चाहते थे, बल्कि अपना समय मौज-मस्ती में बिताते थे। शहर के बाहर

एक साड़ी की दुकान - बनारस अपने रेशमी और ज़रदोज़ी के कपड़ों के लिए मशहूर है। बनारसी साड़ी पारंपरिक रूप से दुल्हन के कपड़ों का हिस्सा रही है। पहले इसमें केवल चांदी का तार इस्तेमाल किया जाता था लेकिन अब ख़ूबसूरती से बुने गये अन्य धागे भी फैशन में हैं।

मित्रों के साथ किसी आम के बाग में जाने की योजना बन जाती थी। गवैये और नाचवालियाँ, संगीत और मनोरंजन का साधन होते थे और पूरा दिन संतोष भरे आनंद के साथ बीत जाता था।

एक और शब्द जो शहर के मिज़ाज को बयाँ करने के लिए अधिकतर इस्तेमाल किया जाता है, वह है फक्कड़पन- यानी ज़िंदगी या ज़िंदगी के बाद के प्रति भी एक निरंकुश, सुखवादी, लापरवाह, बेपरवाह रवैया। आख़िरकार एक व्यक्ति बनारसी प्रकाश और शिव की नगरी में जन्मा है जहाँ मोक्ष और मुक्ति जैसे शब्द उतनी ही आम ज़बान में शामिल हैं जितने महफ़िल, मौसीक़ी या मिठाई हैं। मुक्तिदाता के रूप में गंगा और मणिकर्णिका घाट हजारों साल से यहाँ हैं ही। बनारस का एक महत्वपूर्ण पक्ष उसकी सामरिक दृष्टि से पूर्वी तट और उत्तर-पश्चिम मैदानों के बीच स्थित है और यह एक हज़ार साल से शिल्प और व्यापार का केंद्र रहा है। बनारस के वस्त्र उद्योग का उल्लेख पूरे इतिहास में मिलता है। बनारस के शिल्पकार और बुनकर अपने बेजोड़ हुनर के लिए मशहूर हैं। आज भी बनारस के रेशमी, सूती और ज़रदोज़ी के कपड़े पूरी दुनिया में बहुत पसन्द किए जाते हैं। इस वस्त्र उद्योग के कारण ही ख़ासतौर पर विभिन्न जातीय और धार्मिक समुदाय सौहार्द्रपूर्वक मिलजुल

कर रहते हैं। अलग-अलग वर्गों से आए श्रमिक और शिल्पकार मिलकर शानदार रंगों और बुनाई वाली झिलमिलाती बनारसी ज़रदोज़ी तैयार करते हैं। अधिकांश कुशल कारीगर मुसलमान हैं, जबकि व्यापारी और दुकानदार हिंदू हैं। उनका यह प्रतीकात्मक सम्बन्ध केवल पारंपरिक वस्त्र उद्योग तक ही सीमित नहीं है, बल्कि वे पूर्ण धर्मनिरपेक्षता के साथ एक दूसरे के त्यौहारों और धार्मिक उत्सवों में शामिल होते हैं।

कुछ अन्य शिल्प भी बनारस की विशेषता रहे हैं। सोने के ऊपर गुलाबी मीना का काम उनमें से एक है, हालांकि अब वह इतना प्रचलित नहीं है। चटक रंग वाले लकड़ी के खिलौने और चूड़ियाँ आज भी बनती हैं। बनारसी लोग यहाँ की मज़ेदार मिठाइयों पर गर्व करते हैं। उनको बनाने की विधि पीढ़ी-दर-पीढ़ी एक दूसरे को मिलती हैं। उनमें कितना मेवा, कितना खोया, मसाले, सुगंध मिलाई जाएगी यह गुप्त रखा जाता है ताकि हर दुकान के सामान की अलग पहचान बनी रहे। बनारस

बनारसी पान का बीड़ा किसी भी समय खाया जा सकता है, लेकिन यह आमतौर पर भोजन के बाद सांस को ताज़ा रखने और पाचन के लिए पेश किया जाता है।

बनारस में एक पान की दुकान- 'बनारसी पत्ता' के नाम से विख्यात पान का पत्ता बनारस के लोग ही नहीं, पूरे भारत के पान खाने वाले पसंद करते हैं। पान चूंकि मंहगा नहीं होता, इसलिए इसे ग़रीब भी खा सकते हैं। लेकिन पान पेश करना शिष्टाचार और शालीनता प्रदर्शित करता है। पान बिस्मिल्लाह ख़ान को भी बेहद पसंद था।

की लस्सी और ठंडाई अब भी ख़ास हैं, आख़िर 'गंगाजल' उन्हें यह स्वाद जो देता है। 'मलाइया' दूध और मलाई को फेंटकर बनाई जाड़े के दिनों में सुबह कुछ घंटे ही मिलने वाली यह झागदार मिठाई भी बनारस की ही विशेषता है। यहाँ का मशहूर लंगड़ा आम आज भी पूरे भारत में पसंद किया जाता है।

बेढब बनारसी के अनुसार-
बेढब काशी कबहूं ना छोड़िये विश्वनाथ को धाम।
मरने पे गंगा मिले, जीते लंगड़ा आम॥

लेकिन शायद बनारस और बनारसी का सबसे आकर्षक प्रतीक- पान के पत्तों और मसालों से बना सुगन्धित बीड़ा। उसका बनाना, उसे पेश करना बनारसी शैली को बयाँ करता है जो यहाँ के आराम, मौज और सुरुचि के प्रति पूर्वाग्रह का वास्तविक प्रतिबिंब है। यह सम्भवतः सदियों से चले आ रहे आध्यात्मिकता एवं सांसारिकता के बीच सुन्दर सामंजस्य को प्रदर्शित करता है। बनारसी लोगों का पारम्परिक तरीका ही है कि वे काम के साथ-साथ स्वाभाविक रूप से फ़ुर्सत, सुरुचि और दुनियादारी का भी आनंद लेते हैं। बनारसी आदमी के लिए काम के साथ मौज-मस्ती, मज़ा, बेपरवाही जरूरी है। व्यापार के लिए उच्चकोटि की आध्यात्मिकता और अच्छी ज़िन्दगी जीने के लिए हिंदू धातुकार और मुस्लिम बुनकर, अखाड़े के लोग या जो संगीत और कविता आदि का अभ्यास कर रहे हैं, सब एक जैसा सोचते हैं। घाटों पर, गंगा के किनारे, सड़कों में, गलियों में, मंदिरों में, मस्जिदों में जहाँ भी बनारसी लोग हैं वह ज़िन्दगी को पूरी तरह से जीना जानते हैं और इसलिए वह असली बनारसी मिजाज़ के प्रति पूर्ण निष्ठावान रहते हैं। किसी भी

यहाँ के घाट बनारस के पर्याय बन गए हैं। यहाँ लोग पूजा करने आते हैं, आभार प्रदर्शित करते हैं, अपने दिवंगत रिश्तेदारों के लिए मोक्ष की कामना करते हैं या यहाँ कोई तप प्रायश्चित्त करने आते हैं।

धर्म के हों, पर्यटक यहाँ आते हैं और बनारस के जादू में खो जाते हैं। एक बार जब शायर ग़ालिब कलकत्ता जाते हुए रास्ते में बनारस आए, तो वह यहाँ कई महीने रुक गए और लिखा-:

ता अल्लाह, बनारस चश्मे बद्दूर।
बहिश्त-ए-खुर्रम-ओ-फ़िरदौस-ए-ममूर॥

लैनॉय (1999) के अनुसार-:

> अकल्पनीय प्राचीनता वाला बनारस केवल हिंदुओं का नहीं है, बल्कि यह मुसलमानों, सिखों, बौद्धों, जैनियों और ईसाइयों का भी है। यह सभी का है ... बनारस कोई भौतिक स्थान मात्र नहीं है, इसका एक सांस्कृतिक अस्तित्व है, अद्भुत ऐतिहासिक निरंतरता का गंगा-तट पर बसा नगर है, मानव मात्र के अचेतन मन में गहरे पैठा- एक आदर्श करोड़ों लोगों के सपनों में घर किए- बिना नाम तक जाने – एक पुनीत नगर युगों से लोगों के सपनों में बसा –यह एक मनोदशा है। एक पुरानी कहावत है कि : 'जहाँ आप हैं वहीं बनारस है।'

बनारस : बनारस के राजवंश का उल्लेख महाभारत में (काशी नरेश के रूप में) हुआ है जहां काशीराज ने कुरुक्षेत्र के महान युद्ध में भाग लिया था। सांस्कृतिक विकास के परिप्रेक्ष्य में बनारस के राजाओं में ईश्वरी नारायण सिंह (1835-89) का महत्वपूर्ण स्थान है। वह ज्ञानार्जन के प्रति समर्पित थे तथा कला और शिल्प को संरक्षण देने के साथ ही संगीत तथा कविता के अनन्य प्रेमी थे। बिस्मिल्लाह ख़ान के नाना अपने परिवार के साथ बनारस में सम्भवतः राजा प्रभू नारायण सिंह (1889) के शासनकाल में रहते थे। उसके बाद महाराजा आदित्य नारायण सिंह और फिर महाराजा डॉ. विभूति नारायण सिंह के काल में रहते रहे। महाराजा डॉ. विभूति नारायण सिंह बनारस की कला एवं संस्कृति के उत्थान के लिए काम करते रहे। उनकी लोकप्रियता का अंदाज़ा इसी से लगाया जा सकता है कि उनका अभिवादन 'हर हर महादेव' कह कर किया जाता है जो नमस्कृति केवल भगवान शिव को ही अर्पित की जाती है।

संगीत की विरासत

बनारस में गंगा है। इसके अभिरक्षक देवता भगवान शिव हैं । वह विश्वनाथ अर्थात् पूरे ब्रह्मांड के स्वामी ही नहीं हैं, वह नटराज- संगीत और नृत्य के स्वामी भी हैं। उनका स्थायी निवास बनारस है।

बनारस घराने के मशहूर गायक पंडित छन्नू लाल मिश्रा अब भी बनारस में ही रहते हैं। उन्होंने 2007 में लेखिका के साथ साक्षात्कार में भगवान विश्वनाथ, संगीत और बनारस के अलौकिक संबंध के विषय में कहा था कि 'भारतीय शास्त्रीय संगीत आध्यात्मिक है। गायक सर्वप्रथम ईश्वर का आह्वान करता है।' पंडित छन्नू लाल मिश्रा ने बताया कि पहला स्वर 'अ' ईश्वर का आह्वान है बाकी सभी सुर, लय, ताल शिव जी के डमरू से निकले हैं, जिनकी ताल पर ही यह ब्रह्मांड नाच रहा है। पंडित छन्नू लाल का विश्वास है कि भारतीय संगीत की आध्यात्मिकता काशी में और भी अधिक बढ़ जाती है, क्योंकि वह साहित्य, ज्ञान, संगीत का केंद्र होने के साथ-साथ संगीत, राग और लय के स्वामी शिव का क्षेत्र भी है। कला जगत के मानस में यह दृढ़ विश्वास है कि संगीत सिर्फ़ कलात्मक अभिव्यक्ति ही नहीं, बल्कि स्वयं ईश्वर से मिलन का दिव्य साधन है। यहाँ संगीत 'कल्याणकारी' यानी मोक्ष का साधन कहा जाता है । एक अवसर पर लेखिका के साथ साक्षात्कार में पंडित छन्नू लाल मिश्रा ने एक कथा सुनाई –

'एक बार नारद ने भगवान से पूछा, 'प्रभु आप कहाँ रहते हो? '

'भगवान ने उत्तर दिया, 'हे नारद! मैं बैकुंठ में नहीं रहता और न ही मैं तपस्वियों के हृदय में रहता हूं। जहां मेरे भक्त मुझे सुर-ताल से मेरा आह्‌वान करते हैं, मैं तो वहीं रहता हूं।'

बनारस में संगीत को न सिर्फ़ पवित्र और प्रेरणादायक, अपितु दिव्यता का प्रतिरूप मानते हैं। इस विषय में पंडित छन्नू लाल मिश्रा ने कहा कि 'साकार ब्रह्म के मंदिर पूरे भारत में मिल सकते हैं लेकिन यहाँ बनारस में,

दाल मंडी के गायक जिन्होंने ठुमरी को बनारस में संगीत की एक लोकप्रिय शैली बना दिया।

बनारस के संगीत में निराकार ब्रह्म को देखा जा सकता है, सुना जा सकता है और उसकी अनुभूति की जा सकती है'। जब बनारस और संगीत में इतना गहरा संबंध है तो यह उचित ही है कि संगीत को पूर्णतया समर्पित भारत का पहला महाविद्यालय बनारस में ही हो।

काशी हिंदू विश्वविद्यालय (बीएचयू) को एक लंबे अरसे से बनारस के बौद्धिक प्रतिमान के रूप में देखा जाता रहा है। इसकी स्थापना 1917 में पंडित मदन मोहन मालवीय ने की थी। यहाँ संस्कृत, दर्शनशास्त्र और धर्मशास्त्र के अध्ययन के लिए संपूर्ण विश्व से विद्यार्थी आते हैं। 1950 में पंडित ओंकार नाथ ठाकुर के प्रयासों से यहाँ संगीत संकाय की स्थापना हुई। इस प्रकार बनारस का 'श्रीकला भारतीय कॉलेज ऑफ़ म्यूज़िक' भारत का पहला महाविद्यालय बना जो कला, संगीत और नृत्य के अध्ययन और विकास के लिए पूर्णतया समर्पित था।

बनारस घराना एक बहुत बड़ा भण्डार है जिसमें संगीत की विभिन्न शैलियों, जैसे शास्त्रीय, उपशास्त्रीय शास्त्रीय, लोक संगीत आदि आते हैं। लेकिन मुख्यतः यह ठुमरी ही है जो संगीत की बनारसी शैली का प्रतिनिधित्व करती है। इस उप-शास्त्रीय संगीत की शैली की शुरुआत उत्तर भारत में उत्तर प्रदेश और पंजाब से हुई। बनारस की ठुमरी की ख़ासियत शब्दों के साथ खेलना है। इसे अक्सर बोल बनाव ठुमरी भी कहते हैं, जिसमें गीत के कुछ शब्दों या पंक्तियों को विभिन्न तरीकों से गाया जाता हैं। भाषा आमतौर पर खड़ी बोली, भोजपुरी या बृजभाषा होती है। ठुमरी में संगीत, नृत्य और अभिनय के तत्व होते हैं जो प्रेम और रोमांस के गीतों के अनुकूल होते हैं। इनमें अधिकतर राधा और कृष्ण के मिलन का चित्रण होता है। कुछ विद्वानों का मत है कि 'ठुमरी' शब्द की निष्पत्ति 'ठुम' या 'ठुमका' से हुई है जो नृत्य का एक अंग है। बहरहाल 'ठुमरी' चाहे जहाँ से निकली हो उसकी हल्की-फुल्की ज़िन्दादिल बंदिशें, भावपूर्ण बदलाव, संगीत के उतार-चढ़ाव, उसके शब्द, अभिनय, नृत्य आदि उसकी लोकप्रियता आज भी बरक़रार रखे हैं।

प्रसिद्ध गायक पद्म भूषण छन्नू लाल मिश्रा, अपने रामायण गायन तथा उत्तर प्रदेश के अनेक लोक गीतों के लिए विशेष रूप से जाने जाते हैं।

बनारस की संगीत परंपरा का एक महत्वपूर्ण पक्ष था कि बनारस के कलाकारों का एक ही धर्म था- संगीत और कला। जो कोई भी पुरुष या स्त्री, अपनी कला में महारत हासिल करता था, उसके प्रशंसक भी होते थे और शागिर्द भी, लेकिन इसमें धर्म का विचार कभी आड़े नहीं आता था। बनारस के इस

बनारस के रईस संगीत को संरक्षण देते थे तथा महफ़िलें और बैठकें सजाते थे जिनमें बनारस के अभिजात वर्ग के लोग शिरकत करते थे।

अद्भुत धर्मनिरपेक्ष पक्ष को, जिसे कभी-कभी संकीर्ण सोचवश हिंदुत्व की पीठ कहने लगते हैं, सुप्रसिद्ध तबलावादक पंडित किशन महाराज ने अपने एक लेख (स्मृति) में बहुत अच्छी तरह से स्पष्ट किया है। वर्णनात्मक विस्तार के धनी पंडित जी ने अपने कथन की पुष्टि के लिए अपने गुरु पंडित कंठे महाराज से सुनी बातें लिखीं। लेख केवल बनारस घराने की ठुमरी के महत्व के बारे में ही नहीं है, बल्कि उस शैली के वरिष्ठ गायकों के बारे में भी है। उनमें से एक पंडित जगदीप मिश्रा, 19वीं सदी के अंतिम दिनों में बनारस में रहते थे। उनकी ठुमरी में प्रवीणता की ख्याति केवल अभिजात वर्ग और रईसों में ही नहीं थी, बल्कि बनारस के साधारण जनमानस के बीच भी उतनी ही थी।

एक बार पंडित जगदीप को संगीत समारोह से देर रात अपने घर लौटने पर दरवाज़ा बंद मिला। उनकी पत्नी अन्दर गहरी नींद में सो रही थी। जब कुंडी खटखटाने का कोई नतीजा नहीं निकला, तो पंडित जगदीप वहीं बाहर बैठ गए और मौक़े के हिसाब से कुछ शब्दों को चुनकर ठुमरी गाना शुरू कर दिया- 'केवड़िया खोल मेरे राजा रास की बूंदें पड़ें' (मेरी प्यारी दरवाजा खोल दे, राग की मिठास धीमी हो रही है)। बेचारी कुंडी को साज़ बनाकर गाई गई जगदीप की ठुमरी से पड़ोसी जाग गए और इस आशु-प्रस्तुति का आनन्द लेने लगे। यह घटना ठुमरी की धुन में मंत्रमुग्ध हो जाने वाले बनारसी मिज़ाज को बयाँ करती है जब उस्ताद को सुन पाने के लिए लोगों ने अपने को ख़ुशनसीब माना, भले ही वक्त

पद्म विभूषण किशन महाराज- भारत के सबसे प्रसिद्ध तबला वादकों में से एक, जिन्होंने संगीत कार्यक्रमों में तबले को एक सहयोगी के रूप में सही स्थान दिलाने में मदद की, बिस्मिल्लाह ख़ान की तरह वह भी ताउम्र बनारस में ही रहे।

आधी रात का था। अलबत्ता जिनके लिए वह गीत गाया जा रहा था वह सोती रहीं और सुबह की पहली किरण के साथ ही उठीं। उन्होंने जब अपने पति के लिए दरवाजा खोला (जो ऊपरी तौर पर बहुत गंभीर स्वभाव के ठेठ बनारसी थे), तो वह मुस्कुराते हुए अंदर चले गए। पड़ोसी यह मनाते रहे कि फिर ऐसी रात आए जिसमें संगीत की धारा ऐसी बहे जिसमें सुबह भी उनके आड़े न आए।

पंडित जगदीप की प्रसिद्धि उत्तर भारत के दूसरे हिस्सों, जैसे लखनऊ, पंजाब आदि में भी फैल चुकी थी। हालांकि ठुमरी उस्ताद मौजुद्दीन ख़ान पंजाब के ही रहने वाले थे। एक बार संगीत दौरे के लिए उनका बनारस आना हुआ और उनकी प्रस्तुति का कार्यक्रम बनाया गया। बनारस के रईस और कलाकार उन्हें सुनने आए। उत्सुक श्रोताओं के सामने वह करीब दो घंटे तक गाते रहे और उस संध्या का समापन ठुमरी गायन से हुआ। जब तालियों के थमने पर ख़ान साहिब ने श्रोताओं को धन्यवाद दिया और पूछा कि श्रोताओं के बीच क्या कोई कलाकार है जो उनके लिए कुछ गा सकता है ताकि वह कुछ देर आराम कर लें। सभी कलाकार अनिच्छुक थे किन्तु श्रोताओं में कुछ वरिष्ठ लोगों ने पंडित जगदीप का नाम सुझाया जो थोड़ी मनुहार के बाद गाने को राज़ी हो गए। उन्होंने हसरत से बादलों को निहारती एक युवती का वर्णन करती ठुमरी गाना शुरू किया - 'थारी गोरी चितवे बदरा की ओर' और कुछ पलों में ही श्रोतागण मंत्रमुग्ध हो गए। वह दो घंटे तक गाते रहे और जब उन्होंने गाना बन्द किया तो मौजुद्दीन उनके पैरों पर गिर पड़े और पंडित जगदीप से कहने लगे 'मुझे इसी पल अपना शागिर्द बना लीजिए, आप कोई साधारण फ़नकार नहीं हैं, आप मौसूकी के पैगम्बर हैं'।

पंडित जगदीप ने ख़ान साहब को गले लगा लिया और बोले, 'आप ख़ुद प्रवीण गायक हैं, मेरे शागिर्द बनने की बात ही नहीं है – हाँ, आप जब चाहें, जितने दिन चाहें, मेरे पास आ सकते हैं, मुझे खुशी होगी!'

ख़ान साहब पूरी तरह जगदीप के परिवार के सदस्य जैसा बन गए, बिल्कुल पंडित जगदीप की परछाई की तरह और जल्दी ही बोरिया-बिस्तर समेत बनारस आ गए। उनका बनारस से लगाव दिन-ब-दिन बढ़ता ही गया। और एक दिन जब उन्होंने बाबा जयनारायण के सामने गाया तो बाबा ने अभिभूत होकर कहा- 'तुम्हारा गाना तो इस दुनिया से ऊपर है! बोलो मैं तुम्हें क्या दे सकता हूं? '

संगीत और कला के लिए अत्यधिक प्यार के साथ जीवन के लिए उत्साह से बनारस के लोगों ने इस धर्मनिरपेक्ष शहर को अद्भुत जीवंतता दे दी है।

ख़ान साहब ने जवाब दिया- 'मैं सिर्फ़ यह चाहता हूं कि ताज़िन्दगी इसी काशी में रहूं।' उन महात्मा ने मौजुद्दीन से कहा कि काशी में तो उनके दिन थोड़े ही हैं। वह हफ़्ते भर के अन्दर ही काशी छोड़ देंगे, लेकिन ज़िन्दगी के आखिरी दिनों में काशी लौट आएंगे ताकि उन्हें मोक्ष मिल सके।

अगले ही दिन मौजुद्दीन को कलकत्ता की मशहूर तवायफ़ गौहर जान का न्यौता मिला कि वह कलकत्ता आकर उनके मेहमान बनें और उन्हें शास्त्रीय संगीत की तालीम दें। प्रस्ताव लुभावना था जिसके अनुसार मौज़ुद्दीन के कलकत्ता रहने का पूरा खर्च उठाने के साथ उनकी दूसरी ज़रूरतें भी पूरी की जानी थीं। उसके साथ ही बनारस में उनके परिवार को पांच सौ रुपये हर महीने भेजा जाना था। यह रक़म उस ज़माने में शाही मानी जाती थी। पंडित जगदीप कुछ महीने पहले ही नेपाल के शाही मेहमान बनकर चले गए थे, इसलिए मौजुद्दीन को यह प्रस्ताव स्वीकार करना आसान था। थोड़े ही दिन बाद वह कलकत्ता चले गए।

कलकत्ता और गौहर जान ने तमाम रईसों और कलाकारों के बीच ख़ान साहब का इस्तकबाल किया और थोड़े ही दिन में वहां भी पंजाब और बनारस की तरह ही उनकी शोहरत हो गई। उसी बीच पंडित जगदीप नेपाल दरबार की अनन्त औपचारिकताओं से ऊबकर बनारस वापस आ गए। इससे मौजुद्दीन ख़ान को उन्हें कलकत्ता बुलाने का अवसर मिल गया। पंडित जगदीप उसके लिए राज़ी भी हो गए और बाकायदा कलकत्ता पहुंच गए।

दाल मंडी की अनेक गायिकाएं अपने फन में बहुत माहिर थीं। उनके लिए तवायफ़ शब्द न्यायोचित नहीं है। वह तहज़ीब और संगीत का भण्डार समझी जाती थीं। रईस घरानों के नौजवानों को वहां तहज़ीब और संगीत सीखने भेजा जाता था।

उस घटना को याद करते हुए पंडित किशन महाराज ने बड़े ही सुन्दर ढंग से उस दौर के कलाकारों के तौर-तरीकों और शिष्टाचार का वर्णन किया।

मौजुद्दीन ख़ान ख़ुद (एक फ़िटन में) पंडित जगदीप को लेने हावड़ा स्टेशन गए। वहां से लेकर उन्हें एक रईस के घर पर पहुँचाया जो उनके स्वागत के लिए तत्पर थे। यहां उनके रहने की पूरी व्यवस्था होनी थी। वहां से मौजुद्दीन सीधे गौहर जान के घर गए और बाकायदा ऐलान किया कि 'मेरे पैगम्बर आ गए हैं!' गौहर जान को ख़ान साहब के मन में जगदीप जी के प्रति यह आदर भाव देखकर बड़ा ताज्जुब हुआ और उन्होंने कहा कि वह उन्हें (जगदीप को) शाम को उनके घर ले आएं। ख़ान साहब बोले, 'तुम्हारा दिमाग ख़राब हुआ हैं, वह कोई ऐरा-गैरा फ़नकार हैं। अरे! वह तो शाहों के शाह हैं!'

मौजुद्दीन ख़ान के वहां से चले जाने के बाद गौहर जान ने विचार किया कि क्या करना चाहिए। आखिर में उन्होंने अपने साढ़े छह फिट लंबे दरबान पठान शेर ख़ान को बुलाया जिसे देखकर ही छोटे-मोटे रईस गौहर जान के कोठे की तरफ आने की हिम्मत नहीं करते थे और उसे एक मखमल के बटुए में चांदी के सौ रुपए रखकर भेजा कि जाओ जगदीप जी से गुज़ारिश करो कि आज शाम वह हमारे दौलतखाने में पधारें। जगदीप जी मुस्कुराए और बोले,- 'शेर ख़ान! जाओ सुरों की मल्लिका से कह दो कि जगदीप जी को सिर्फ़ देखने की फ़ीस एक हजार एक रुपये होती है!'

शेर ख़ान हैरान था। लौट कर आने पर उसने जगदीप जी की शख़्सियत के बारे में बताया तो उन्हें अपनी ग़लती का अहसास हो गया। अब गौहर जान ने एक सौ एक गिन्नी चांदी के बटुए में रखकर शेर ख़ान को फिर जगदीप जी के पास भेजा। गौहर जान के इतने इसरार और (अपने प्रति) इज़्ज़त को देखकर जगदीप जी कुछ नरम पड़े और उसके घर शाम सात बजे जाने को राज़ी हो गए।

गौहर जान ने शाम की महफ़िल की पूरी तैयारी की। उन्होंने वहाँ के चोटी के कलाकारों और उनके आश्रयदाताओं, रईसों और ख़ास-ख़ास सामन्तों को बुलाया। जगदीप जी का स्वागत उनकी प्रतिष्ठा के अनुकूल हुआ। इसके बाद उन्होंने गाना शुरू किया। उनका गाना शुरू होते ही श्रोताओं में सन्नाटा छा गया। कितने ही लोगों की आँखों में आँसू थे और पास के ही कमरे में मौजुद्दीन बच्चों की तरह सिसक रहे थे। जैसे ही गाना ख़त्म हुआ उन्होंने अपना सिर जगदीप जी की गोद में रख दिया और बोले, 'पंडित जी आपने बरसों की प्यास बुझा दी!'

कलकत्ता में कुछ दिन रह कर जगदीप जी बनारस लौट आए। थोड़े ही समय बाद उनका देहान्त हो गया। उनकी मृत्यु से बनारस के संगीत एवं ठुमरी जगत में एक ख़ालीपन तो हो ही गया था लेकिन मौजुद्दीन ख़ान पूरी तरह से टूट गए। यह ख़बर सुनते ही वह बीमार पड़ गए। परेशान गौहर जान ख़ुद उन्हें लेकर बनारस

आईं, लेकिन एक पखवाड़े के अन्दर ही ख़ान साहब भी चल बसे। सिद्ध पुरुष बाबा जयनारायण राम के शब्द सही उतरे। ख़ान साहब को प्राण त्यागने और मोक्ष पाने के लिए काशी आना ही पड़ा। दो महान कलाकारों का आपसी व्यवहार बिना किसी कड़वाहट के, अद्भुत संबंध, न अहं का टकराव, न कोई प्रतिस्पर्धा, न कोई धार्मिक भेदभाव के था।

बिस्मिल्लाह ख़ान खुद भी बनारस के महान ठुमरी गायकों और यहाँ की महान गुरु-शिष्य परंपरा से बहुत प्रभावित थे। बिस्मिल्लाह का नौजवान शिष्य जगदीश प्रताप एक साधारण परिवार से था। उनके पिता दीपचंद ने बिस्मिल्लाह से गुज़ारिश की कि वह उनके बेटे को अपनी शागिर्दगी में ले लें। बिस्मिल्लाह राज़ी हो गए। जब जगदीश दस साल का था, तभी वह बिस्मिल्लाह के परिवार के सदस्य की तरह रहने के लिए बेनिया बाग में उनके घर आ गया। जगदीश की बेटी बागेश्वरी ने बताया कि पहले दोनों परिवारों में इस बात को लेकर बहुत विरोध हुआ कि एक मुसलमान और दूसरा राजपूत। लेकिन दीपचंद और बिस्मिल्लाह की दृढ़ता के चलते जगदीश उनके परिवार का हिस्सा बन गया। उसके बाद गुरु-शिष्य परंपरा के अनुसार शिष्य ने गुरु के सामने पूर्ण समर्पण कर दिया। जगदीश वहां विद्यार्थी भी था, सहायक भी, और पुत्र भी, सभी कुछ एक में समाया था। गुरु की इच्छानुसार तालीम भी होती थी। तालीम के साथ समय मिलने पर वह घर के अन्य सदस्यों की तरह घर के छोटे-मोटे काम, जैसे बाज़ार से सामान लाना, खाना पकाना, साफ-सफाई वगैरह भी करते थे। अपने गुरु और उनकी पत्नी से उसे प्यार भी मिलता था और डांट-फटकार भी। वही उसकी देखभाल भी करते थे। बाद में जगदीश प्रताप ने अपनी बेटी बागेश्वरी को भी तालीम के लिए बिस्मिल्लाह ख़ान के पास भेजा। बागेश्वरी ने ख़ान साहब के साथ-साथ अपने पिता से भी सीखा। हालांकि उसको संगीत सम्मेलनों में प्रस्तुति देने वाले बड़े कलाकारों जैसा स्थान तो नहीं मिला लेकिन वह भारत में अकेली महिला शहनाई वादक हैं। ऐसे कितने ही उदाहरण हैं जहां गुरु और शिष्य के बीच धर्म की कोई समस्या नहीं थी। मशहूर सितार वादक पंडित रवि शंकर और उनके गुरु उस्ताद अमानुल्ला ख़ान; गज़ल साम्राज्ञी बेगम अख़्तर और उनके शिष्य शांति हीरानंद और रीता गांगुली कुछ उदाहरण हैं। धर्म, जाति या सामाजिक विभेदों से परे दो व्यक्तियों के बीच यह अद्भुत सम्बन्ध भारत की श्रेष्ठतम परंपराओं में से एक है। गायिका सिद्धेश्वरी देवी ने एक बार कहा था कि उनके बच्चे तो उनकी कामना के कारण हैं किन्तु उनके शिष्य उनकी साधना और शिक्षा के प्रतिफल हैं, इसलिए वह अधिक अनमोल हैं।

मशहूर तवायफ़ गौहर जान बनारस घराने से थीं। वह कलकत्ता जा बसीं थीं और उनके कद्रदानों में वहां के रईस तथा मशहूर लोग थे।

जब पहली बार वेदों का गान हुआ तभी से बनारस के मंदिर हर दिन ईश्वर की संगीतमय आराधना के केंद्र बन गए। बाद में प्रार्थना के गीतों को संगीत की लय दी गई और एक बन्दिश में बांधा गया। यह प्रार्थनाएं नित्य के अनुष्ठान का हिस्सा बन गईं और इन्हें सामान्य साज़ों के साथ गाया जाने लगा। सुबह, दोपहर और शाम की आरती के बीच, इन्हीं मंदिरों के प्रांगणों में और आसपास की जगहों में भजन और संगीत सभाएं होने लगीं। सदियां बीतने के साथ संगीत अमीरों की हवेलियों की रंगत बना, इसी के साथ उसमें संगीत की अन्य शैलियां शामिल होती गईं। धीरे-धीरे ये बैठकें अधिक परिष्कृत और औपचारिक होती गईं तथा भजन, लोक गीत, टप्पा, ठुमरी आदि के गायन के लिए भी एक मंच प्रदान किया। इन सभाओं को 'बैठक' या 'महफ़िल' कहा जाता था। यह उन्नीसवीं सदी और बीसवीं सदी के मध्य तक अपने चरम पर था।

इन बैठकों में हिस्सा लेने वालों की संख्या शायद पच्चीस या तीस लोगों से अधिक नहीं होती थी। लेकिन उनमें से ज़्यादातर शास्त्रीय संगीत की बारीकियों को समझते थे और उनका लुत्फ़ उठाते थे। वे हुनर की कद्र करते थे और अपनी ख़ुशी खुलकर बयाँ करते थे। बनारस में महफ़िलों का दौर उन्नीसवीं सदी में अपने चरम पर था और कहा जाता है कि उस समय सड़क चलता आदमी भी राग में भजन या कविता के कुछ छंद गा सकता था। संगीत संध्या देर रात तक और कभी-कभी सुबह सवेरे तक चलती थी जिनका समापन सुबह के राग भैरवी से किया जाता था।

उस्ताद मज़ाकिया अन्दाज़ में यह बताते हुए कि अतीत में बनारस कितना जीवन्त था!

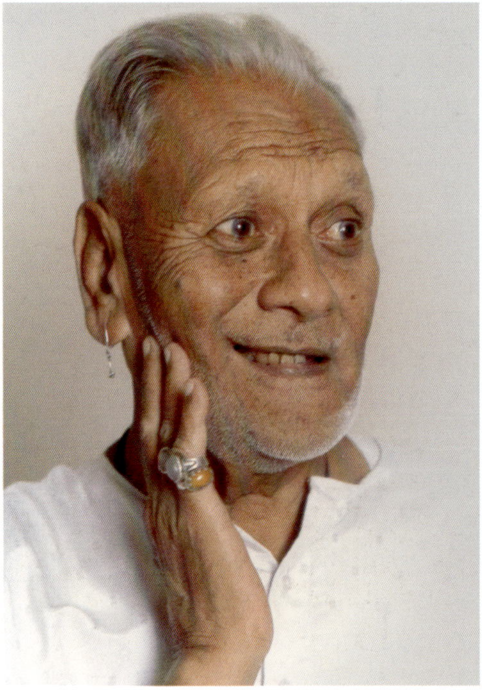

बिस्मिल्लाह अक्सर बनारस की जीवंतता के बारे में बताते थे। 'रात के दो या तीन बजे भी शहर जाग रहा होता है, मिठाई की दुकानें ग्राहकों की राह देख रही होती हैं। हमलोग बसंतू साव की दुकान पर रुक कर कहते हैं- 'भैया! कुछ बालूशाही और गुलाब जामुन देना! वाह! अरे एक प्लेट हलुवा भी देना! आहा!'

इसमें कोई शक़ नहीं कि बिस्मिल्लाह की रचनात्मकता और महारत पर इन महफ़िलों का असर बहुत अधिक था। हालाँकि महफ़िल के आधुनिक संस्करण संगीत सभा में श्रोता बहुत अधिक होते हैं लेकिन इसमें वह व्यक्तिगत प्रतिक्रिया, वह कद्रदानी, जो महफ़िल में मिलती थी, उसका अभाव होता है। बिस्मिल्लाह के मुताबिक वह 'रूह की गिज़ा' यानी आत्मा को तृप्त करने वाली होती थी। अंधेरे हॉल में

बैठे अनजान, अनदेखे चेहरों के मुक़ाबले महफ़िल में कम श्रोता होते थे पर जाने-पहचाने, इज्ज़तदार, संगीत से प्रेम करने के साथ ही संरक्षण देने वाले धनी-मानी और शहर के असरदार ख़ास लोग होते थे जो शास्त्रीय रागों और उनकी बारीकियों को समझते थे।

काशी नरेश ईश्वरी नारायण सिंह खुद संगीत को बहुत संरक्षण प्रदान करते थे। बनारस की महफ़िलों का संगीत, नृत्य सामान्य मनोरंजन के साधन नहीं थे, बल्कि यहाँ की कला, संस्कृति और सौंदर्यबोध के अभिन्न अंग थे। बनारस में महफ़िलों की परंपरा धीरे-धीरे घटने के शायद कई कारण होंगे- स्वतंत्रता संग्राम, सुधारवादी आंदोलन और विक्टोरियन नैतिकता तथा तौर-तरीके, इन सब का कुछ न कुछ असर रहा होगा। आज तो हमलोगों को कुछ लेखों और वर्णनों से उस दौर की झलक भर मिल सकती है जो उन ख़ुशनसीबों ने हमें दिया, जिन्होंने बनारस में उन महफ़िलों को देखा और उनका हिस्सा बनकर जिया।

महफ़िल किसी भी अवसर के लिए सजाई जा सकती थी- बच्चे का जन्म हो या मुंडन, सगाई हो या शादी या सिर्फ़ बरसात हो, होली हो या मित्र का आगमन। महफ़िल की तैयारी और सजावट विस्तार से होती थी। मौक़े के अनुकूल और उस ख़ास रईस की हैसियत तथा पसंद के हिसाब से महफ़िल की तैयारी के लिए 'ताल' नाम का एक ख़ास ग्रुप बना। उनके पास गाने, बजाने और नाचने वालों के फ़ेहरिस्त रहती थी जिसमें उनके हुनर और प्रतिष्ठा के हिसाब से फ़ीस भी लिखी होती थी। वह कलाकार को देने वाले एडवांस और अपने कमीशन का पहले इंतज़ाम कर लेते थे। चूंकि बनारस की तवायफ़ें शहर के अलावा बाहर भी बहुत मशहूर थीं, इसलिए उन्हें पहले से बुक कर लिया जाना ज़रूरी था।

संगीत के बनारस घराने के सबसे बड़े संरक्षक काशी के महाराज के महल 'रामनगर किले' से गंगा का दृश्य।

आमतौर से महफ़िल हवेली के प्रांगण में सजती थी। हवेली का वर्णन पवन के. वर्मा (2003) ने इस प्रकार किया है:

> हवेलियों को अंतर्मुखी उद्यान कहा जाता था। यहां सुरुचिपूर्ण ढंग से बने उद्यानों, जलाशयों, झरनों और फलों वाले पेड़ के बीच बने कमरों और मंडपों से सजा शान्त वातावरण होता था। बाहर खड़ा आदमी शायद ही कभी समझ सके कि इन ऊँची खड़ी सूनी दीवारों के पीछे कोई इतनी खुली रोशन ख़ुशनुमा जगह है।

वहां के ढांचे की बनावट का वर्णन वर्मा कुछ इस प्रकार करते हैं कि कुछ निजी खुली जगहों, जैसे आँगन या चौक के आस-पास बरामदे और कमरे होते थे।

> आंगन में रोशनी भरपूर आती थी। आमतौर से चौक के आसपास बरामदे दोहरे होते थे। बाहरी बरामदा (दालान) ऊपरी तौर पर आंगन का ही हिस्सा होता था जिससे होकर अंदरूनी बरामदे (दर दालान) में जाना होता था। यह कम खुला और व्यक्तिगत होता था।

हवेलियों की इस तरह की बनावट से खासतौर से औरतों के लिए वहां एकान्त भी होता था और खुली जगह भी होती थी। वर्मा कहते हैं:

> दोनों तरफ़ सटे हुए बरामदे बीच में इस तरह होते थे कि उनमें दुछत्ती, दुहश्मी या जनाशिन होती थी, जहाँ के झरोखों से बारीकी से बनाई जाफ़री के पीछे से औरतें उस 'निजी-सार्वजनिक' कार्यक्रम, जैसे मुज़रा या संगीत प्रस्तुति को देख सकती थीं।

संगीत के कार्यक्रमों की बहुत ख़ास तैयारी की जाती थी। बरामदे में आम मेहमान बैठते थे, जबकि ऊँची हैसियत के ख़ास लोगों को गायक के ठीक सामने तखत या सोफ़े पर बैठाया जाता था। कभी-कभी बनारस के महाराज या गोपाल मंदिर के गोस्वामी (आचार्य) महफ़िल के ख़ास मेहमान होते थे।

आँगन को सजाना तैयारी का दूसरा चरण होता था। दीवारें ताज़े खुशबूदार फूलों और मालाओं से सजाई जाती थीं। महंगे झाड़-फ़ानूस में रखी कन्दीलों की मद्धम रोशनी में महफ़िल का समां बंधता था। महफ़िल के लिए निमंत्रण देने का भी विशेष शिष्टाचार होता था। मेज़बान ख़ुद या उसके ख़ास रिश्तेदार निज़ी तौर

पर मेहमान के घर पूरी औपचारिकता के साथ जाते थे। सही लिबास के साथ पगड़ी पहनना ज़रूरी था।

महफ़िल के शुरू होते ही भांड़ वहाँ के माहौल को हल्का-फुल्का बना देते थे। ये दरबारी मसखरों जैसे मज़ाकिये हिंदू भी होते थे और मुसलमान भी। इन्हें काफ़ी कुछ छूट होती थी। वे गाना गाते थे, किस्से सुनाते थे। दरअसल वह अपने मज़ाकियापन और तंज़िया हाज़िरजवाबी की वजह से बड़े लोकप्रिय थे। राय कृष्ण दास की किताब 'स्मृति' के एक लेख 'बनारसी महफ़िलें' में एक घटना का ज़िक्र है- ''यह दस्तूर था कि भांड़ों को नकद या किसी चीज़ की शक्ल में कुछ इनाम दिया जाता था। एक बार एक नवाब ने कार्यक्रम के बाद भांड़ों को कुछ शॉल दिए जो बहुत हल्के थे और गरम भी नहीं थे। उन भांड़ों में से एक ने उस शॉल में कुछ पढ़ने का स्वांग किया, उसके साथी ने पूछा 'क्या पढ़ रहे हो' वह बोला 'मै इसमें कढ़े हुए कलमा के कुछ अल्फ़ाज़ पढ़ रहा हूँ, लेकिन यह अधूरा है, इसमें सिर्फ़ 'ला इलाह इल अल्लाह' लिखा है'।

अब जो हवेली बची हैं वह बनारस की रईस-संस्कृति और महफ़िल परंपरा की प्रतीक है।

साथी ने पूछा 'बाकी का? और रसूल का नाम' जवाब मिला 'मेरे दोस्त! यह शॉल तब बने थे जब रसूल इस धरती पर आए भी नहीं थे!' इतनी खूबसूरती से इतना पैना तंज़! उस बेचारे नवाब की हालत की कल्पना ही की जा सकती है। इसमें कोई शक़ नहीं कि यह मज़ाकिया टिप्पणी उन्हीं के ऊपर तंज़ था!

जब भांड़ श्रोताओं का मनोरंजन कर चुकते थे तब महफ़िल में गाने-बजाने वालों का, तवायफ़ों, तबला, सारंगी और हारमोनियम बजाने वाले उनके साजिंदों की आमद होती थी। उनके कार्यक्रम में अक्सर कथक नृत्य और गाने अधिकतर ठुमरी और दादरा की मिली-जुली प्रस्तुति होती थी। गायिका के हुनर की परख इस बात से होती थी कि वह गीत के भाव कितना दिखा सकती है और एक लय पर एक ज़ुमले को कितने अनगिनत तरीकों से गा सकती है। मशहूर गायिका काशी बाई एक बार एक महफ़िल में गा रही थी। उनकी भैरवी ठुमरी का मुखड़ा था- 'जा मैं तोसे नाहिं बोलूँ'।

श्रोताओं में से एक शख़्स चिल्लाकर बोले 'जब इनके विरह में इतना जादू है तो मोहब्बत में क्या होता होगा?'

काशी बाई ने सुना, मुस्कुराईं और अपना गाना जारी रखा।

कभी-कभी श्रोता और गाने वाली के बीच मज़ाक और हाज़िरजवाबी के कुछ ज़ुमले भी सुनने को मिलते थे। बनारस की ज़बान में 'जोड़ा' जूते के जोड़े को कहते थे और पति-पत्नी के जोड़े को भी कहते थे। आने वाले रईस और भद्रगण अपने साथ अपने नौकर भी लाते थे जो उनके जूतों की रखवाली करते थे, क्योंकि

बनारस की सुबह की झलक। महफ़िलों के अच्छे दौर में यह संगीत सभाएं अगले दिन तक चलती रहती थीं जहाँ सुबह का स्वागत भैरवी ठुमरी की मीठी धुन से किया जाता था।

बैठने के लिए जूते उतारना ज़रूरी था। एक बार एक ख़ूबसूरत कमसिन नर्तकी नाच रही थी कि उसकी छोटी सी जूती उसके घेरदार लिबास में फंसकर उसके साथ खिंचती हुई आँगन तक चली गई। उसे देखकर श्रोताओं में से एक गुस्ताख़ शख़्स बोला 'बाईजी आपका जोड़ा यहाँ तक साथ चला आया!'

बाई जी ने तपाक से जवाब दिया 'हज़ूर! मेरा जोड़ा तो मेरे पास है पर मुझे डर है- आपका आपके ख़ादिम (नौकर) के पास है!'

अधिकतर महफ़िलें पूरी रात चलती थीं। ज़ाहिर है न तो कलाकारों और न ही श्रोताओं को सुबह जागने या दिन में काम की फ़िक्र होती थी।

दरअसल महफ़िल को अगली सुबह तक चलाने का दस्तूर था। इसे भैरवी महफ़िल कहते थे जिसमें सिर्फ़ सुबह के राग, जैसे असावरी, जौनपुरी और हाँ, भैरवी ही गाये जाते थे। जो रातभर नहीं जाग सकते थे वे कलाकार और श्रोता बाद में दोपहर तक चलने वाली महफ़िल में ज़ोर-शोर से हिस्सा लेते थे। इसके बाद सब अपने घर जाते थे।

इन महफ़िलों की जान दालमंडी की गायिकायें थीं। इनके किस्से बनारस में बार-बार कहे जाते हैं, ख़ासकर उनके बारे में जिन्हें शोहरत और दौलत दोनों मिले थे। वह बनारस के अद्भुत सांस्कृतिक परिदृश्य का हिस्सा थीं और बनारस की संगीत परंपरा पर उनका बहुत प्रभाव था। कितने ही पुरुष, जवान, बूढ़े, इनकी ख़ूबसूरती और हुनर के असर में इस तरह आ गए कि उन्हें संरक्षण देकर उनकी पूरी स्वतंत्र व्यवस्था कर दी जिससे उनका इस पर मालिकाना हक़ बन गया। तवायफ़ से इस तरह के संबंध को कुछ बुरा भी नहीं माना जाता था। उस से सरपरस्त रईस का रौब-रुतबा बढ़ता था। एक गाने वाली को अपने पास रखने की हैसियत से उनकी दौलत का दिखावा होता था, साथ ही संगीत की बारीकियों के कद्रदान होने से उनकी सुरुचि भी ज़ाहिर होती थी। आधुनिक हिंदी साहित्य के जनक, नाटककार और कवि भारतेन्दु हरिश्चंद्र भी संगीत और नृत्य के प्रेमी तथा ज्ञाता थे। वह कुशल ढोलक वादक भी थे। एक बार वह बड़ी मैना का नृत्य देख रहे थे। एक जगह उनसे फ़ुटवर्क में ग़लती हो गई जिसमें हरिश्चंद्र ने सुधार किया। खफ़ा होकर उन्होंने घुँघरू उतारकर हरिश्चंद्र के ऊपर फेंक दिए और नृत्य के उस पेचीदा हिस्से को करने की चुनौती दी। वह बिना विचलित हुए उठे, घुँघरू पहने और वही तोड़ा बिल्कुल सही ढंग से प्रस्तुत कर दिया। हरिश्चंद्र की एक पसंदीदा मुस्लिम गायिका थी, जिसका उन्होंने धर्म परिवर्तन कराकर हिंदू बनाया था और माधवी नाम दिया था। एक और मशहूर गाने वाली जानकी बाई थी जिन्हें एक जाने-माने महंत ने सरपरस्ती और हिफाज़त दे रखी थी, इसलिए उन्हें 'महंतवाली जानकी' कहा जाता था। गौर करने की बात है कि इसमें कुछ छिपाने जैसा नहीं था, इसके विपरीत इससे उस रईस या महंत की इज़्ज़त बढ़ती

बनारस की संगीत परंपरा में दालमंडी की गायिकाओं का उल्लेखनीय योगदान रहा है। वह अपने घर पर ही दरबार लगाती थीं और महफ़िलों में भी गातीं थीं। उनमें जो बेहतरीन होती थीं उनके पास पैसा, शोहरत और ताकत होती थी।

बनारस के ठुमरी गायिकाओं में अंतिम गिरिजा देवी। बिस्मिल्लाह ख़ान और गिरिजा देवी ने चैती की एक जुगलबंदी दर्ज़ कराई है, इस लोकगीत में ग्रीष्मकालीन दिन एवं रातों का चित्रण होता है।

थी। मशहूर हुस्ना बाई की कहानी तो आज भी बनारस में बयाँ होती है। वह अपने ज़माने में अपने ज्ञान और विद्वत्ता के लिए जानी जाती थी। वह शायरी करती थी। अंग्रेज़ भी उनका रोब मानते थे। उन्हें प्रधान कहा जाता था और बिना इजाज़त के कोई भी, यहाँ तक कि अंग्रेज़ अफ़सर भी उनसे नहीं मिल सकते थे। हुस्ना बाई के बारे में एक किस्सा है कि बिहार का कोई ज़मींदार उनके कोठे पर आया। जब वह सीढ़ियाँ चढ़ रहा था तो उसके क़दमों की धम-धम आवाज़ अंदर तक सुनाई दे रही थी। जब वह हुस्ना बाई से मिला तो उसने एक अच्छी रक़म देने की पेशकश की जिसे हुस्ना बाई ने नकार दिया। जब वह कद्रदान मायूस होकर चला गया तो घरवालों ने हुस्ना बाई से पूछा कि उन्होंने एक अच्छी रक़म क्यों ठुकरा दी? उन्होंने जवाब दिया कि 'जिस शख़्स को सीढ़ियाँ चढ़ने की तमीज़ नहीं है वह संगीत की बारीकियां क्या समझेगा'?

अगर किस्सों पर यकीन करें तो महाराज ईश्वरी नारायण सिंह ख़ुद भी गायिका विद्याधरी के बड़े मुरीद थे। दूसरी मशहूर गायिका सिद्धेश्वरी देवी थी। जद्दनबाई का भी बड़ा नाम था, हालाँकि गाने से ज़्यादा वह अपनी बेटी नर्गिस की वजह से जानी जाती थीं जो मुंबई जाकर मशहूर फ़िल्म अभिनेत्री बन गईं। वहां उनकी सुन्दरता और गरिमा की चर्चा आज भी होती है। दालमंडी की उस महान संगीत परंपरा की वाहक गिरिजा देवी रहीं। बनारस की उपशास्त्रीय संगीत की महान गायिकाओं में से एक गिरिजा देवी के साथ बिस्मिल्लाह की एक अविस्मरणीय जुगलबंदी रिकॉर्ड

की गई है। कलकत्ता जाकर उनकी एक कुलमाता, एक गुरु, एक माँ, एक दादी, अपने परिवार से घिरी एक अलग शख़्सियत बनी। उनका व्यक्तित्व दालमंडी की मशहूर गायिकाओं से बिलकुल अलग है।

शायद दालमंडी की गायिकाओं में सबसे अधिक जाना-माना और मशहूर नाम गौहर जान का है। उनका जन्म आजमगढ़ में हुआ था। उनकी मां आंग्ल-भारतीय और पिता अर्मेनियाई या शायद यूरेशियन मूल के थे। उनकी लाजवाब ख़ूबसूरती और गाने के हुनर को बचपन में पहचान कर आगे की तालीम और हुनर को निखारने के लिए वह बनारस आ गईं। उन्हें राय छगनजी की सरपरस्ती मिली। लेकिन वह जल्दी ही कलकत्ता चली गईं, जहां उन्हें अधिकार, दौलत और शोहरत सब मिला। (गौहर जान के बारे में कुछ बातें पहले लिखी जा चुकी हैं।)

दालमंडी की कुछ गायिकाओं को 'रामजाना' (जिनके बारे में भगवान ही जानते थे) कहा जाता था, क्योंकि दालमंडी में पैदा होने वाले बच्चों के पिता के बारे में कोई नहीं जानता था। आज सौ साल बाद उन महफ़िलों के कुछ किस्से और यादें भर बाकी हैं। महफ़िलें सजाने वाले रईस, गायिकाएं और दालमंडी ख़ुद समय के धुंधलके में खो गए हैं, लेकिन बनारस के संगीत में उनका असर था, है, और रहेगा।

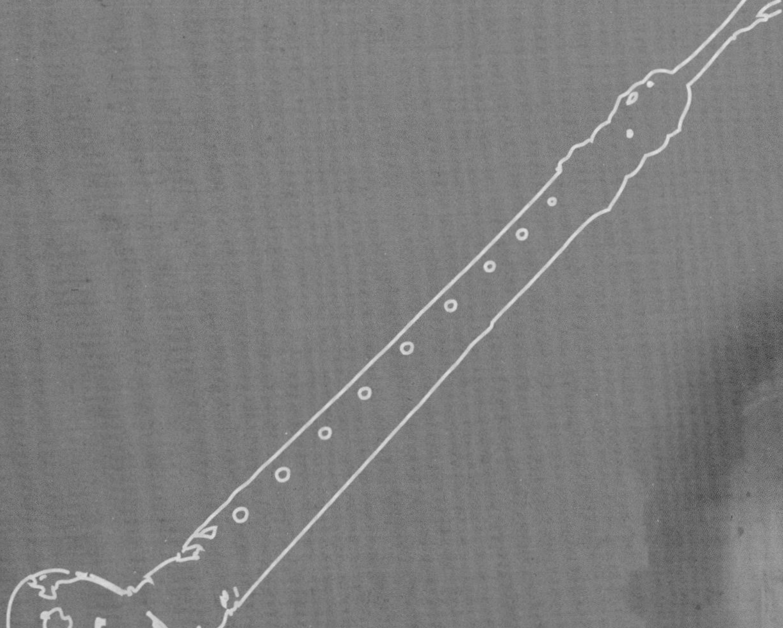

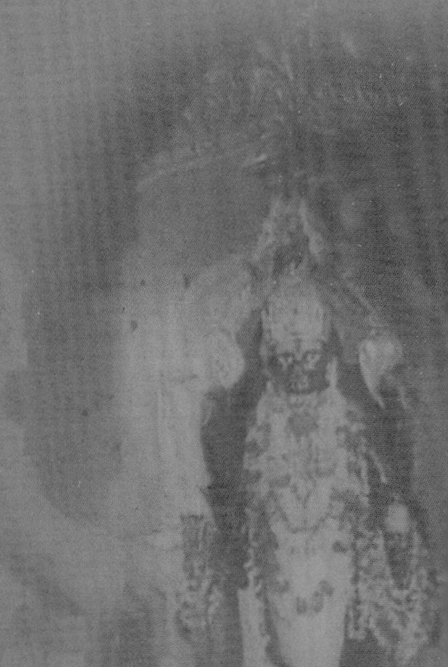

नन्हा शागिर्द

बनारस के बेनिया बाग में बिस्मिल्लाह के नाना रजत अली का घर बहुत बड़ा नहीं था। उसी में उनके नाना, नानी और अपने परिवारों के साथ उनके तीन मामा विलायत अली, सादिक़ अली और अली बक्श रहते थे। अब उसी घर में बिस्मिल्लाह, शमसुद्दीन और उनकी मां भी रहने आ गए। बेनिया बाग में रहन-सहन साधारण और बिना तामझाम का था, लेकिन संगीत वहाँ की हवा में बसता था। उनके सभी मामा शहनाई बजाने में बहुत माहिर थे और बनारस के किसी न किसी मंदिर से जुड़े थे। उनके सबसे छोटे मामा अली बक्श यहाँ के परम पावन देवालय विश्वनाथ मन्दिर में शहनाई बजाते थे। कहा जाता है कि इसके लिए उन्हें चार रुपए मिलते थे। बड़े होने के साथ बिस्मिल्लाह का लगाव अली बक्श से बढ़ता गया और वही बाद में उनके उस्ताद बने।

यह सही है कि बिस्मिल्लाह के ननिहाल में सभी शहनाई बजाते थे लेकिन उनमें लगभग सभी अच्छे और निपुण गायक भी थे। बिस्मिल्लाह की ख़ुद की आवाज़ में गज़ब की मिठास थी जो उनके बेटों को भी विरासत में मिली। वह अपने को गायकों के ख़ानदान का बताते हुए कहते थे- 'हमलोग उस्ताद ताज़ ख़ान के ख़ानदान से हैं। उपलब्ध सूत्रों से इस बात की पुष्टि होती है कि वह एक महान गायक थे। उनके भतीजे तसैफ़ हुसैन ख़ान और उनके छोटे भाई मोहम्मद हुसैन ख़ान भी बहुत अच्छा गाते थे। मेरे 'मामू' मोहम्मद हुसैन ख़ान के शागिर्द थे और मैं मामू का शागिर्द। वह भी बहुत अच्छा गाते थे; शहनाई तो बाद में आई।'

हालांकि बिस्मिल्लाह उनके गाने की बहुत तारीफ़ करते थे पर यह शहनाई ही थी जिसने रोज़ी-रोटी के साथ सृजनात्मक

डॉक्टरेट की मानद उपाधि लेते बिस्मिल्लाह ख़ान। उन्हें दो मानद डॉक्टरेट की उपाधियाँ मिलीं थीं- एक काशी हिंदू विश्वविद्यालय (बीएचयू) और दूसरी विश्व भारती विश्वविद्यालय, शांतिनिकेतन से।

उस्ताद और उनकी शहनाई।

अभिव्यक्ति का अवसर दिया। हालांकि शहनाई का भविष्य और भाग्य बदल देने वाला कायाकल्प अभी नहीं हुआ था; अभी उसका प्रयोग परंपराओं और उस समय मिल जाने वाले मंच तक सीमित था।

प्राचीन ज्ञान और शिक्षा की पीठ, बनारस में रहते हुए भी बिस्मिल्लाह का ध्यान पढ़ाई की तरफ नहीं था। बचपन से उनकी पूरी रुचि सिर्फ़ संगीत में थी। एक फ़र्माबरदार शागिर्द की तरह जहाँ उनके मामू जाते, वह हर जगह उनके साथ जाते थे। अली बक्श की सुबह मंदिर में बीतती, जहां वह तीन से चार घंटे तक शहनाई बजाते थे। उनके साथ उनका शागिर्द भांजा भी जाता था। चूहे की तरह भूख, थकान सबसे बेपरवाह सीखने में तेज़ नन्हा बिस्मिल्लाह संगीत में डूबा रहना चाहता था। वह केवल संगीत को ही सुनना, सीखना और आत्मसात करना चाहता था। जब दोनों घर लौटते तो रियाज़ शुरू होता जिसके लिए ख़ास कमरा मुकर्रर था। शहनाई की धुनें सभी जगह रची-बसी थीं। बिस्मिल्लाह याद करते हैं कि कैसे उनके बचपन के खेलों में भी वह महत्वपूर्ण भूमिका निभाती थी। वह जब छत में या आंगन में गोटियाँ खेलते- तो वह बहुत ध्यान से सुनते और शांतिपूर्वक आरोह ऊपर के सुर 'सम' के आते ही सुर से ताल मिलाते अपनी गोटी चलते और वह बीच की गोटी से जा टकराती।

बिस्मिल्लाह की बचपन की यादें बहुत ख़ुशनुमा और मीठी थीं। यादों में वहाँ की खाने-पीने की चीज़ें, ख़ासतौर से उनकी पसंदीदा मिठाइयों की बात होती जिनके लिए बनारस मशहूर रहा है, और आज भी है। बनारस की गलियों में घूमते हुए रोज़ मामू-भांजा रुकते और मल्लइया का मज़ा लेते। यह मलाईदार दूध से बनी हल्की झागदार केसर, पिस्ता, बादाम मिली मिठाई होती है जो सिर्फ़ जाड़े के मौसम में मिलती है। बिस्मिल्लाह बताते हैं कि उनके मामू सीधे हांडी से खाते थे, जबकि उनका नन्हा शागिर्द दोने में खाता था।

बिस्मिल्लाह अक्सर अपने बचपन की छोटी-छोटी ख़ुशियों का बयाँ करते थे कि वह कितने आत्मविश्वास और इत्मीनान से अपने मोहल्ले की चौड़ी पतली गलियों में घूमते थे। यहाँ दुकानदारों, रिक्शावालों, पानवालों और मिठाईवालों के जाने-पहचाने दोस्ताना चेहरे थे जो बालक बिस्मिल्लाह को प्यार भरी मुस्कुराहट से अभिभूत कर देते थे। बाद के दिनों में बेनिया बाग में बिस्मिल्लाह के सुकून की वजह ख़ासकर उस इलाके के लोगों का मेल-जोल और सहज स्नेह था। यह पुश्त दर पुश्त उनके बेटे-बेटियों के साथ भी चलता रहा । यही कारण था कि उन्होंने कभी बनारस छोड़ने का मन नहीं बनाया। वह 41/40 नम्बर के घर में ही नहीं रहते थे, पूरा पड़ोस, मोहल्ला उनका परिवार, उनका घर था।

बिस्मिल्लाह के बचपन की यादों में कुछ डरावने घर भी थे— वह दो शेरों वाला घर! बिस्मिल्लाह याद करते हैं- 'मैं उस दो शेरों वाले घर की तरफ से नहीं निकलता था। वह बड़े-बड़े शेर, बड़ी-बड़ी आँखों से मुझे घूरने लगते थे। मैं जानता था कि वे असली शेर नहीं हैं, बस बुत हैं, पर जब मैं छोटा था, उनसे बहुत डरता था!'

वह दो शेरों वाला घर 'डोम राजा' का था। आज भी उस घर की छत पर वे दोनों शेर वैसे ही हैं। शायद यह सिर्फ़ छत के दोनों कोनों में खड़े शेरों के बुत ही नहीं थे जिनसे बिस्मिल्लाह बचपन में डरते थे, बल्कि उस घर के मालिकों

बनारस में उस घर का दरवाज़ा जहाँ बिस्मिल्लाह चार साल की उम्र में रहने आए थे और वहीं ताउम्र रहे।

नीचेः *बिस्मिल्लाह ख़ान की एक पसंदीदा मिठाई : मल्लइया, मलाई और दूध फेंटकर बनी हल्की झागदार मिठाई का छोटे मिट्टी के दोने में बना ढेर।*
बाएं: *बिस्मिल्लाह के बचपन की ख़ास यादें, इलायची और पिस्ता की ख़ुशबू से सराबोर वह लज़ीज़ मल्लइया अब भी सिर्फ़ जाड़े के मौसम में सुबह कुछ घंटों के लिए मिलती है।*

मणिकर्णिका घाट या श्मशान घाट जहाँ 'डोम राजा' के परिवार का राज चलता था और आज भी चलता है। बालक बिस्मिल्लाह उनके घर को देखकर डरते थे, क्योंकि घर की छत के दोनों कोनों पर दो बड़े-बड़े शेरों के बुत रखे थे।

की विस्मयकारी ख्याति भी उनके लिए डरावनी थी। मणिकर्णिका और हरिश्चंद्र श्मशान घाटों पर डोम राजा का परिवार तब से अब तक राज करता है। पुश्तों से वहाँ की हर प्रक्रिया, पार्थिव शरीर लेकर आने से लेकर, चिता की सभी क्रियाएं, लकड़ी, घी और पूजा सामग्री को खरीदने, आग देने और यहाँ तक कि अस्थि विसर्जन तक सभी कुछ पर डोम राजा के परिवार का नियंत्रण रहता है। 'डोम राजा' शब्द का मतलब ही है 'मृतकों का राजा'।

बिस्मिल्लाह बताते हैं कि 'जब मैं छोटा ही था, एक बार बारिश के मौसम में दोपहर के वक्त मैंने नानी से कुछ खाने को माँगा। उन्होंने मुझसे कहा कि जाओ दौड़कर पास में किमाम साब की किराने की दुकान से घी ले आओ। वह छोटे से लड़के को देखकर बोले 'का बचवा-का चाही?' और एक पैसे में उन्होंने एक बड़ा चमचा भर घी महुवे के पत्ते पर रखकर दे दिया'। घर आकर देखा बरामदे में बैठे नानी परांठा पका रही हैं। परांठा पकने के बाद नानी ने प्याज़ काटा और उसी घी में तल दिया। सालों बाद उस घटना को याद करते बिस्मिल्लाह बोले- 'मैं वह नाश्ता खा रहा था और बारिश की बूंदों की टिप-टिप सुन रहा था। आज भी उस दोपहर के परांठे का ज़ायका मेरी ज़बान पर है!'

हालाँकि बचपन में बिस्मिल्लाह को नानी और मामा से बहुत लाड़-प्यार मिलता था लेकिन जब उन्हें अपने मामू और उस्ताद अली बक्श से संगीत की तालीम लेनी होती थी, उस समय मामू बिल्कुल बदल जाते थे- वह बहुत सख़्त और अनुशासनप्रिय शिक्षक बन जाते थे।

बहुत दिनों तक गंगा के घाट पर बालाजी मंदिर में अपने उस्ताद को बजाते और रियाज़ करते हुए सुनते रहे। जब बिस्मिल्लाह सात या आठ साल के हुए तब उन्हें रियाज़ करने के लिए शहनाई दी गई। और वहाँ से उनकी संगीत यात्रा शुरू हुई जो आगे अस्सी साल तक चली।

छोटे से कमरे में रियाज़ करते समय बिस्मिल्लाह अक्सर दुःखी हो जाते थे, क्योंकि उनके मामू घर पर ही रियाज़ करने पर जोर देते थे। वह भी बालाजी के मंदिर में रियाज़ करना चाहते थे जहां उनके मामू ने लगभग अठारह साल तक रियाज़ किया था। बिस्मिल्लाह की ज़िद पर उनके मामू को ताज्जुब हुआ लेकिन वह राज़ी हो गए और बिस्मिल्लाह बालाजी मंदिर से सटे एक छोटे से कमरे में रियाज़ करने लगे। वह नौजवान गंगा के बहुत ऊपर (नदी से बालाजी मंदिर के घाट तक 508 सीढ़ियाँ हैं) देर रात और भोर के शान्त वातावरण में शहनाई बजाता रहता। यह उनका दैनिक नियम था जो उनके जीवन के अनेक विश्वासों की नींव बना।

'हर सुबह 3.30 बजे से 4 बजे के बीच मुझे एक गाड़ी वाला आकर जगा देता था- उसका काम आकर मुझे जगाना ही था। मैं उठकर बालाजी मंदिर चला जाता था जिसके पास ही मंगला मैय्या मंदिर था। इन दोनों मंदिरों के बीच, छोटी सी जगह में एक बाबाजी ने मंदिर बना लिया था। हर सुबह, वह और उनकी पत्नी वहां पूजा आरती के लिए आते थे। मैं उनकी शुद्ध सुर में गायी आरती सुनता और वह जब आरती पूरी कर चुकते तो मैं वही धुन अपनी शहनाई पर बजाता। यह सुनकर बाबाजी बहुत ख़ुश होते और मुझे प्रसाद में कभी थोड़ी सी पंजीरी, कभी एक पेड़ा देते, मैं उसे खुशी-खुशी खा लेता।

बिस्मिल्लाह को अच्छी तरह पता था कि सुबह की आरती के बाद अक्सर प्रसाद में मिठाई दी जाती है। जब वह छोटे थे तो गोपाल मंदिर (जहां बाद में कई बार उन्हें बजाने का अवसर मिला) चले जाते थे, क्योंकि उन्हें पता था कि वहां उनको पसंदीदा पेड़ा मिलेगा। वह आरती पूरी होने का इंतजार करते, फिर प्रसाद मांगते, पुजारी से थोड़ा और देने की गुज़ारिश करते, फिर भाग कर चले जाते। बचपन के भोलेपन के बावजूद उनका अंतर्मन यह जानता था कि यहाँ और देवताओं से उन्हें यह पेड़ा ही नहीं मिल रहा, बल्कि प्रसाद में वह चीज़ मिल रही है जो उनके जीवन की अभिन्न अंग बन जाएगी।

मंदिर में एक साल रियाज़ करने के बाद बिस्मिल्लाह डुमरांव अपने पिता और दादा से मिलने गए। तब तक वह काफ़ी सीख चुके थे, इसलिए वह अपने पिता पर, ख़ासतौर से अपने दादा पर भी अपना प्रभाव डालना चाहते थे। उन्होंने अपनी शहनाई बजाई और जब उनके दादा जी ने एक चांदी का रुपया उनके हाथ पर रख दिया तब वे बहुत संतुष्ट हुए। उन्होंनें फिर बजाना शुरू किया लेकिन इस

यहाँ के पवित्रतम घाटों में एक दशाश्वमेध घाट कहा जाता है। यह उसी स्थान पर बना है जहां दशाश्वमेध यज्ञ किया गया था। यहाँ दिनभर भक्तों, तीर्थयात्रियों, दर्शनार्थियों और पर्यटकों की भीड़ लगी रहती है।

दशाश्वमेध घाट
DASHASWMEDH GHAT

बार उनके दादा जी ने उन्हें रोक दिया। उन्हें बहुत ताज्जुब हुआ जब दादा ने डाँटते हुए कहा – 'बिस्मिल्ले! तुम यह क्या बजा रहे हो? तुम इस शहनाई जैसे सशक्त साज़ की महान परम्परा के वारिस हो! तुम यह बिल्ली की तरह क्या म्याऊँ-म्याऊँ कर रहे हो? तुम्हारे नसीब में तो शेर की तरह दहाड़ना है!'

उसके बाद रसूलबक्श ने शहनाई उठा ली और बजाना शुरू कर दिया। बिस्मिल्लाह शहनाई से निकलते उस संगीत को अनुशासित भाव से सुनते रहे और तब महसूस किया कि उनके दादा ठीक ही कह रहे हैं। उनके वादन में वह सामर्थ्य और शक्ति थी कि बिस्मिल्लाह को अपने प्रयत्न छोटे लगने लगे। रसूलबक्श ने अपने पोते को समझाया कि उन्होंने जो अभी दिखाया है वह फेफड़ों की ताकत का महत्व है जो शहनाई जैसे फूंक कर बजाने वाले साज़ के लिये बहुत ज़रूरी है। उनकी सलाह आसान थी पर सारगर्भित : 'सेहत नहीं, सांस नहीं तो मौसूक़ी नहीं'।

बिस्मिल्लाह एक नये निश्चय के साथ बनारस लौटे। अब उनकी दिनचर्या और ख़ान-पान सेहत के हिसाब से होना चाहिए था। बनारस की प्राचीन परम्परा 'कुश्ती' अपने नये प्रशिक्षु की राह देख रही थी। यहाँ दंगल कुश्ती की ऐसी प्रतियोगिता होती है जैसी दुनिया में और कहीं नहीं होती। बदन में खूब सारा तेल लगाये, लंगोट पहने पहलवान पहले हनुमान जी की प्रार्थना करते हैं, फिर कुश्ती लड़ते हैं। शुरू में यह कुश्ती शरीर को सुगठित करने में मदद करती है। सुबह का दौर स्थानीय पहलवान की देखरेख में कुछ घंटे चलता है। वहां वर्जिश करने के लिये समानान्तर व्यायाम दंड़, चढ़ने के लिये रस्सियाँ और गदा थे। बनारस में अब भी इस तरह के अखाड़े मौजूद हैं। इनमें से अधिकतर गंगा के किनारे हैं।

कसरत अब बिस्मिल्लाह के दैनिक कार्यक्रम का हिस्सा थी। सुबह के रियाज़ के बाद वह गंगा के घाट पर निकल जाते थे जहाँ कसरत करने के बाद वहीं नदी में नहाते थे। गर्मी के दिनों में वह कम से कम तीन बार गंगा में नहाते थे और जाड़े में भी कम से कम सुबह तो नहाते ही थे। गंगा उनके जीवन का एक अंग बन गई थी, इसलिए वो बहुत समय के लिये गंगा से दूर नहीं रह पाते थे।

बिस्मिल्लाह नियमित कसरत और संयमित भोजन के नियम का सख़्ती से पालन करते थे जिसका परिणाम भी जल्दी ही सामने आया और उन्होंने अपने संगीत में एक फ़र्क महसूस किया। अली बक्श की तरबियत ने उनके संगीत में लय और मिठास दी तो उनके दादा की सलाह ने उसमें सामर्थ्य और योग्यता दी जिससे उनकी शहनाई से गम्भीर मधुर सुर बरसने लगे। अब रियाज़ उनके लिए एक धर्म बन गया था और उनके मामू यह सुनिश्चित करते थे कि वह हर दिन कम से कम छह से आठ घंटे तक रियाज़ करें। बनारस की पुरानी रिवायतों में 'गुरु-शिष्य परंपरा' की जड़ें बहुत गहरी जमी हैं। इसका अर्थ है कि शिष्य अपने गुरु के सामने

बनारस के लोगों के लिये गंगा उनके जीवन का एक अंग है। युवा बिस्मिल्लाह अक्सर घाट पर निकल जाते थे जहाँ वह कसरत करते और नहाते थे।

पूर्ण समर्पण कर दे- बिना शर्त पूर्ण समर्पण। चूँकि बिस्मिल्लाह ख़ुद इस परंपरा का लाभ पा चुके थे, इसलिए अक्सर बाद के विद्यार्थियों में उस निष्ठा और विश्वास के अभाव को देखकर दुखी होते थे। बिस्मिल्लाह जानते थे कि दुनिया में आपको लक्ष्य से भटकाने के बहुत साधन हैं पर सच्ची साधना के लिए भौतिक चीज़ों के प्रति भटकाव से दूर होना बहुत ज़रूरी है। इस हिसाब से अली बक्श का पहले ही अपने शागिर्द को बालाजी मंदिर के पास एकांत कमरा दिलवाना उनकी तालीम में बहुत मददगार साबित हुआ।

अली बक्श ने ख़ुद वहां लगभग अठारह साल तक रियाज़ किया था और वहां मिलने वाले दिव्य अनुभवों का उन पर गहरा प्रभाव था। उन्होंने अपने शागिर्द को भी सख़्ती से ताकीद कर दी थी कि मंदिर में रियाज़ के दौरान जो भी अनुभव हों उन्हें अपने तक ही रखें, कभी धोखे से भी न किसी को बताएं, न चर्चा करें।

बिस्मिल्लाह को बचपन में ही अपने संगीत के अलौकिक गुणों का अनुभव होने लगा था- जब उनके लिए इस संसार का अस्तित्व नहीं रह जाता था। यह वह गुण था जिसे उनके मामू 'अस्सार' कहते थे- जहाँ संगीत कला मात्र न रह कर दिव्य हो जाता है- मनुष्य का ईश्वर से एकाकार होकर परमानन्द का साधन बन जाता है। पांच वर्षों तक बिस्मिल्लाह को अनेक दिव्य अनुभव होते रहे- जब वह इस दुनिया के रह ही नहीं जाते थे, उन्हें समय, स्थान या ख़ुद की कोई याद नहीं रहती थी। लेकिन एक घटना ऐसी हुई जिसे वह कभी भूल नहीं पाए और

ऊपर बाएं: *बाला जी मंदिर में पूजा-अर्चना, जिससे सटा हुआ छोटा सा कमरा है जहाँ बहुत सालों तक बिस्मिल्लाह ख़ान हर सुबह रियाज़ किया करते थे।*

ऊपर दाएं: *मंदिर में मंगला मैया की मूर्ति।*

नीचेः *बाला जी मंदिर गंगा से बहुत ऊपर बना है, मंदिर और घाट के बीच 508 सीढ़ियां हैं।*

जिसका उन पर बहुत गहरा असर पड़ा। वह बदस्तूर सुबह पौ फटने से पहले बाला जी मंदिर के शान्त वातावरण में शहनाई बजा रहे थे। दशकों बाद भी उस घटना के बारे में बताते समय उनके शब्द और चित्रात्मक वर्णन बिलकुल स्पष्ट होता था। यादें बिलकुल ताज़ा थीं, समय के साथ जरा भी धुंधली नहीं हुई थीं।

'मै शहनाई बजा रहा था और अपने रियाज़ में मगन था कि अचानक वहां एक खुशबू महक उठी। खुशबू इत्र के जैसी थी पर मैंने तो कुछ लगाया नहीं था। मैंने सोचा कि यह धूप या अगरबत्ती की ख़ुशबू होगी जो किसी ने गंगा के किनारे जलाई होगी। हालाँकि मुझे ताज्जुब भी हो रहा था कि बन्द कमरे में भी मैं उसे महसूस कर सकता था। मुझे यह भी लगा कि गंगा तो यहाँ से बहुत नीचे है फिर भी मैं शहनाई बजाता रहा। यह सही है कि जहाँ मैं रियाज़ करता था वह कोई साधारण जगह तो थी नहीं – एक तरफ गंगा और जड़ाऊ, मंदिर तो दूसरी तरफ मंगला मैया और बाला जी का मंदिर। मेरे चारों तरफ पवित्र स्थल ही थे। मैंने आँखें बन्द की और रियाज़ पर ध्यान लगाने की कोशिश की, क्योंकि मैं एक मुश्किल धुन बजा रहा था। लेकिन जब वह खुशबू बढ़ती ही चली गई तो मैंने आंखें खोली तो देखा कि बाबा मेरी शहनाई के बगल में खड़े हैं – इतना सुन्दर रूप ना मैंने पहले कभी देखा था, ना आज तक देखा है। मैं बहुत छोटा था/मैं तो थर थर कांपने लगा। बाबा ने मुझसे कुछ और बजाने को कहा पर मैं बजा नहीं पाया। तब वह हंस कर बोले – 'मज़ा करेगा, मज़ा करेगा'। जब मुझे कुछ होश आया तो मैं दौड़ कर बाहर उन्हें ढूँढ़ने गया। पर गलियों में सन्नाटा था, सब खाली थीं। मैं सीढ़ियों से नीचे घाट पर देखने गया लेकिन वहां भी कोई दिखाई नहीं पड़ा। मैं बहुत घबरा गया, मैं जितना तेज़ भाग सकता था घर की ओर भागा और वहां जा कर मामू को जगाया'।

बिस्मिल्लाह ख़ान कॉन्सर्ट में अपने पहनावे को लेकर सजग रहते थे। वह अचकन और टोपी पहनते थे- यह तस्वीर असामान्य है, क्योंकि इसमें वह अपनी 'टोपी' के बिना है।

अली बक्श ने भांजे के चेहरे पर नज़र डाली, उसके हाव-भाव देखते ही तुरंत समझ गए कि बिस्मिल्लाह को कोई विशेष अनुभूति हुई है, कोई दिव्य दर्शन हुए हैं। लेकिन हर बार जब बिस्मिल्लाह कुछ बताने के लिए मुँह खोलते, मामू उन्हें रोक देते और कुछ बेकार का काम बता देते 'बाज़ार चला जा – जा उस कमरे से मेरा जवाहर बास्केट ला दे'_____ जा वहां______' और हर बार बिस्मिल्लाह उनकी बात अनसुनी करते हुए अपनी बात बताने की उत्सुकता में बोले 'मामू ______' अब अली बक्श की सब्र का बाँध टूट गया और उन्होंनें एक झन्नाटेदार थप्पड़ उनकी गाल पर जड़ दिया, क्योंकि उन्होंनें पहले ही बता रखा था कि उन्हें जो भी अलौकिक अनुभव हों, उनके बारे में किसी को कभी ना बताएं! अब बिस्मिल्लाह प्रकृतिस्थ होकर जो कुछ उनके साथ हुआ था उसका असली मतलब समझने की कोशिश कर रहे थे। वह चुपचाप कमरे से बाहर चले आये। लेकिन पूरे जीवन उन्हें यह विश्वास रहा कि उन्हें बाबा का आशीर्वाद मिला था और वह बाबा कोई और नहीं स्वयं बाला जी ही थे।

1930 की बात है कि अली बक्श 'इलाहाबाद संगीत सम्मलेन' में हिस्सा लेने जा रहे थे। पहले तो वह अकेले ही जाने वाले थे लेकिन यह देख कर उन्हें कुछ ताज्जुब हुआ कि उनका भांजा कुछ उदास है, क्योंकि वह उनके साथ जाना चाहता है। अली बक्श राज़ी हो गए और मामू भांजा दोनों इलाहाबाद आ गए।

इलाहाबाद संगीत सम्मलेन का विशेष महत्व था। उस समय के सभी चोटी के कलाकार एकत्रित थे जिन्हें वहां प्रस्तुति देने के साथ साथ विचार-विमर्श भी

करना था। बिस्मिल्लाह को वहां का वातावरण बहुत ही आनंदमय लगा और वो बड़ी तल्लीनता से सबको सुनते रहे, उनका संगीत भी और विचार भी। जब अली बक्श के शहनाई वादन की बारी आई तो बिस्मिल्लाह उनके पीछे बैठ कर उनका साथ देने लगे। अली बक्श एक लम्बा राग बजाने के बाद थोड़ी देर को रुके और अपने भांजे की तरफ देख कर उसे बजाने के लिये इशारा किया। बिस्मिल्लाह ने अपने मामू द्वारा बजाये राग को ही आगे बढ़ाया लेकिन उन्हीं सुरों में अपनी विशेष शैली का पुट दिया। उन्होंने राग को अर्थ दिया, उसे सुन कर श्रोताओं में तालियों की गड़गड़ाहट गूँज उठी। यह शायद बिस्मिल्लाह के लिये श्रोताओं की प्रशंसा को अनुभव करने का पहला मौका था। उस समय उन विद्वान संवेदनशील श्रोताओं से बिस्मिल्लाह एक अदृश्य सा सम्बन्ध स्थापित कर पाने का आनंद भी ले रहे थे।

लगभग यही समय था जब बिस्मिल्लाह ने कलकत्ता में आयोजित बिहार के भूकंप पीड़तों के सहायतार्थ संगीत समारोह में भी शहनाई वादन किया था। उसी संगीत समारोह में एक और चौदह-पंद्रह साल की नौजवान कलाकार ने अपनी पहली प्रस्तुति दी थी। वह प्रसिद्ध ग़ज़ल साम्राज्ञी बेगम अख़्तर थीं। बिस्मिल्लाह और बेगम अख़्तर कभी-कभी एक दूसरे की ख़बर लेते रहते थे और दोनों एक दूसरे का बहुत सम्मान करते थे।

बिस्मिल्लाह ख़ान और पार्टी – सामान्यतया बिस्मिल्लाह ख़ान की पार्टी में दस लोग होते थे जो अधिकतर उन्हीं के परिवार के सदस्य होते थे।

अभी वह पंद्रह साल के भी नहीं हुए थे जब उन्होंने 'अखिल भारतीय संगीत सम्मलेन' में स्वर्ण पदक जीता। और यह सिलसिला तब से ले कर उनकी मृत्यु-पर्यन्त चलता ही रहा। पुरस्कार और सम्मान बिस्मिल्लाह की ख्याति का एक अभिन्न अंग बन गए।

संगीत सम्मलेन, रियाज़, अनुशासन ये सभी ज़रूरी थे और अच्छी तरह चल भी रहे थे। पर वहां बढ़ती उम्र के साथ एक किशोर उस समय बनारस के माहौल में उत्सुकतापूर्वक ढल रहा था। सबसे अधिक प्रभावशाली तो सिनेमा था और बिस्मिल्लाह को वह बहुत पसंद भी था। जैसे ही कोई नया सिनेमा किसी हॉल में लगता था, बिस्मिल्लाह वहां सबसे अच्छी सीट पाने के लिये लाइन में लग जाते थे। किसी भी किशोर की तरह उन पर सुन्दर नायिकाओं का सम्मोहन काम करता था। सुलोचना उनकी पसंदीदा नायिका थीं। जहाँ तक संगीत का सवाल है, अधिकतर धुनें उन्हें याद रहती थीं और उन बंदिशों को वह अपने नियमित रियाज़ में शामिल कर लेते थे। यह सिलसिला सालों तक चला। उन्हें यह पता भी नहीं था कि सिनेमा का यह आकर्षण उन्हें मुंबई के करीब ले जायेगा और उन्हें बेमिसाल सफलता दिलाएगा।

बेनिया बाज़ार जहाँ बिस्मिल्लाह रहते थे वह नारियल बाज़ार और दालमंडी के नज़दीक ही है। इन घनी बस्तियों को देख कर यह कल्पना करना भी कठिन है कि उस समय यह संस्कृति और शिष्टाचार का अद्भुत केंद्र था जहाँ से देश को सिद्धेश्वरी देवी, रसूलन बाई, विद्याधरी और ऐसे ही जाने कितने महान संगीतकार मिले। वह शास्त्रीय संगीत में तो निष्णात् थे ही, उन्हें उपशास्त्रीय संगीत, जैसे ठुमरी, टप्पा और लोक संगीत में भी महारत हासिल थी। आज भी सावन, कजरी, होरी, चैती आदि बनारस या उसके 'पूरब अंग' की पहचान बने हुए हैं।

ये राग विशेष रूप से मौसम सम्बन्धित हैं। कजरी और सावन में वर्षा ऋतु का वर्णन होता है। रोमांस, प्रेम और ललक का सम्बन्ध भारत में आज भी वर्षा ऋतु से जोड़ा जाता है। होरी वसन्त के आह्वान और होली के त्यौहार के गीत हैं। चैती गर्मी के अलसाये गर्म दिनों के गीत हैं जब बिना ठंडी बयार के दिन थमे हुए से होते हैं और रात के सन्नाटे में कोयल अपने प्रेमी को पुकारती है।

अब डॉ भानु शंकर मेहता ने लेखिका को बताया कि चैती तब गाई जाती थी जब 'चैती गुलाब' खिलते थे। यह परंपरा 'गुलाब बाड़ी' के उत्सव को मनाने के लिये शुरू हुई थी। उन्होंने बताया कि उत्सव में 'आँगन के फ़र्श पर गुलाब की पंखुड़ियाँ बिछा दी जाती थीं और ऊपर से गुलाब की पंखुड़ियाँ बरसाई जाती थीं

और बेदाग सफ़ेद कपड़ों में आये मेहमानों पर गुलाबजल छिड़का जाता था और इस सुहावने महकते माहौल में चैती गाई जाती थी'।

डॉ. मेहता बताते हैं कि लोक संगीत की परंपरा बनारसी लोगों की रोज़मर्रा की ज़िन्दगी का हिस्सा थी और छोटे से छोटे सामान्य कार्यक्रमों का अभिन्न अंग थी। पैर के नाखूनों को रंगने के लिए गाये जाने वाले गीत को 'नक्शु' कहते थे। रामनगर का किला देखने जाते समय रास्ते में गाने के अलग गीत थे। गौनहरिनें होती थीं जो नववधू के गंगा पुजैया के लिये जाते समय गीत गाती थीं। बनारस के लोगों के जीवन में संगीत भजन, शास्त्रीय या लोकगीत, अपने विभिन्न रूपों में हर समय मौजूद होता था।

दालमंडी की गायिकाओं का भरण-पोषण उनके संरक्षक बनारस की ख़ासियत यहाँ के रईस और धनाढ्य सामन्त लोग करते थे। बनारस के अतिरिक्त कलकत्ता ही एकमात्र शहर था जहाँ ये संस्कृति फलती-फूलती थी। इसका चित्रण 'अमर प्रेम' फिल्म में कुछ सिनेमाई अन्दाज़ में देखने को मिलता है जब राजेश खन्ना बनठन कर अपनी पसंदीदा गाने वाली का गाना सुनने हर शाम जाया करते हैं। यह वह समय था जब भारत में संगीत की प्रतिभाओं को संरक्षण देने वालों में राजा, महाराजा और नवाब ही होते थे जिनके दरबारों में उन्हें अपनी कला के प्रदर्शन का अवसर मिलता था और वह उदारतापूर्वक उन्हें एक आरामदेह ज़िन्दगी बिताने के साधन मुहैया कराते थे। लेकिन जिन गायिकाओं को ऐसे संरक्षक नहीं मिलते थे उन्हें रईस लोग कम से कम आत्मसम्मान और अपनी स्वतंत्रता खोये बिना ज़िन्दगी के लिये समाधान जरूर प्रस्तुत करते थे। बेग़म अख़्तर जैसी प्रतिभाशाली गायिका ने रामपुर के नवाब रज़ा अली का प्रभावशाली दरबार इसलिए छोड़ दिया था कि उनके एकाधिकार भरे संरक्षण में उनकी स्वतंत्र आत्मा को घुटन महसूस होती थी।

बनारस के रईस अभिजात्य वर्ग के थे। उनके पास ज़मीनों और ज़मींदारी से मिलने वाली अच्छी ख़ासी दौलत थी। वह छोटे-मोटे महलों और हवेलियों में रहते थे, करने को कोई काम ना था। उनका काम तो ज़िन्दगी का हर तरह से मज़ा लेना था। और इस काबिले तारीफ़ काम में दालमंडी की गानेवालियां उनकी मदद करती थी। इन हुनरमंद कलाकारों की तुलना तवायफ़ों से करना (जो कुछ लोग करते हैं) सही नहीं है। यह सही है कि वे हर शाम यहाँ आने वाले पुरुषों का मनोरंजन करतीं थीं और उसके बदले उन्हें धन या किसी और रूप में मेहनताना मिलता था। लेकिन यह भी सही है कि वह सुरुचि और संस्कृति की ख़ान समझी जाती थीं और कितने ही अभिजात वर्ग के नौजवानों को वहां तहज़ीब, संगीत, कविता और शेरो शायरी की बारीकियां समझने के लिये भेजा जाता था। यह सबको मालूम था कि कुछ ख़ास अवसरों के अलावा इन स्त्रियों को घर नहीं ले जाया जा सकता। केवल

किसी की शादी या बच्चे का जन्म आदि अवसरों पर उन्हें गाने के लिये बुलाया जाता था। कुछ अभिजात्य वर्ग के लोग अपनी पसंदीदा गाने वाली को एक अलग घर में रखते थे जो शहर में सिर्फ़ उसी के लिये खरीदा जाता था। इससे उन दोनों, उस रईस और उस गाने वाली की इज़्ज़त में इज़ाफ़ा होता था। यह रईस के लिये उसकी दौलत, उनके रंग-ढंग और उदारता का प्रदर्शन था और गाने वाली के लिये उसकी सुरक्षा के साथ-साथ उसके हुनर की कद्रदानी थी। अब वह उस एक रईस के लिये ही अपने हुनर को पेश करती थी।

बनारस की एक पतली गली जहाँ वक़्त थम सा गया लगता है। जवानी में बिस्मिल्लाह दालमंडी की इन महफ़िलों में गानेवालियों के घरों के पास की इन गलियों में उनकी बंदिशें सुनते घूमते रहते थे।

दालमंडी में माला बाज़ार में पुराने फ़व्वारे के पास गानेवालियों के घर अब भी मौजूद हैं जहाँ आज भी थोक बाज़ार में फूलों की लड़ियाँ बिकती हैं। अर्ध चंद्रकार घेरे में बने यह सभी मकान पहले बनारस के महाराज 'काशीराज' के हुआ करते थे। यहाँ हर शाम दालमंडी की गानेवालियों के दरबार लगते थे और बनारस के रईस नियमित रूप से यहाँ हाज़िरी लगाते थे। बनारस के एक पुराने बाशिंदे के. के. रस्तोगी ने इन रईसों की दिनचर्या का बड़ा सुंदर वर्णन किया है। हर शाम लगभग चार बजे वह घर से दालमंडी जाने के लिये निकल जाते थे। रास्ते में कुछ मिठाई, जैसे मलाईपूरी और कुछ फूल माला खरीदते थे। उनकी शाम अपने ही जैसे लोगों के साथ गाना सुनते, उसका मज़ा लेते और कभी-कभी खुद भी साथ देते बीतती थी। गाने-बजाने की यह बैठक पूरी रात सुबह सवेरे तक चलती थी जब गाने वाली और सुनने वालों को लगता था कि आज के लिये बस इतना ही काफ़ी है। दुकानें रात तीन बजे तक खुली रहतीं थीं। बिस्मिल्लाह बनारस की ज़िन्दादिली को याद करके कहते थे कि यह शहर सोता ही नहीं था। सुनने वालों के इस तरह के लगाव और एक दूसरे के विचारों के आदान-प्रदान से दालमंडी की संगीत परंपरा को प्रोत्साहन मिलता था और विकास भी होता था।

पहले बताये गए बहुत जाने-माने नामों के अलावा भी उनकी ही तरह की हुनरमंद कलाकारों के कुछ मजेदार नाम बड़ी मैना, छोटी मैना, बिट्टन, बटोलन आदि हैं । इसमें कोई शक नहीं कि इस इलाके की सुंदर संगीत से लबालब तस्वीर के पीछे गरीबी, असुरक्षा और तमाम मुसीबतें थीं। लेकिन निश्चित तौर पर यहाँ हुनर का खज़ाना था।

हर सुबह बिस्मिल्लाह बाला जी मंदिर में अपना रियाज़ पूरा करने के बाद नारियल बाज़ार और दालमंडी होते हुए अपने घर आते थे। दोपहर तक दालमंडी

ख़ान साहब मज़ाकिया अन्दाज़ में श्रोताओं से विचार-विनिमय करते हुए। वह बहुत ही वाक्-पटु और हाज़िरजवाब थे।

की गानेवालियां शाम की तैयारी के लिये रियाज़ में मशगूल हो जाती थीं और बिस्मिल्लाह हवा में तैर कर आती उन संगीत लहरियों से मुग्ध हो जाते थे।

'मैं जैसे ही उस इलाके से गुज़रता था, मुझे काशी बाई का गाना सुनाई देता, गली के दूसरी तरफ सिद्धेश्वरी गा रहीं होतीं। मैं वहां खड़ा सुनता रहता, हिलने का मन ना होता। आगे शैल कुमारी, रसूलन बाई और बिट्टन के स्वर सुनाई देते। रसूलन बाई बहुत खूबसूरती से राग शंकर गा रहीं होती, मैं सुनने के लिये रुक जाता। मुझे सुनाई देता कि बिट्टन राग बिहाग में 'रसिया आओ ना' गा रहीं हैं। मैं हर बंदिश की बारीकियों का मज़ा लेता। मैं चारों तरफ़ देखता कि कोई जानने वाला देख तो नहीं रहा, मैं जल्दी से एक धेले की सिगरेट पीता और चल देता'!

यह दालमंडी की गायिकाओं के असर की गहराई थी कि सत्तर साल बाद जब बिस्मिल्लाह बताने लगे तो उन्हें हर गाने वाली की मासूसियत, उन गानों के राग और बंदिशें तक तफ़सील और स्पष्टता से याद थीं। दालमंडी होते हुए उनके

संगीत के सफ़र का ही असर था कि शायद बाद में घर पर हर रोज़ चलने वाले रियाज़ पर भी उसकी छाप दिखाई देती थी। मामू के नियमित शास्त्रीय संगीत के प्रशिक्षण की वज़ह से ही शायद संगीत के रागों की पेचीदा बंदिशें भी स्पष्ट होती थीं। यह बंदिशें ठुमरी और कजरी के हिसाब से हल्के मिजाज़ की होती थीं। दरअसल वह शाम के हल्के-फुल्के मनोरंजन के लिहाज़ से ख़ासतौर पर ऐसी बनाई जाती थीं।

दालमंडी की गायिकाएं बेहतरीन उपशास्त्रीय संगीत जैसे ठुमरी गाने में माहिर होती थीं। वह ख़ुशमिजाज़ और कुछ चुलबुली होती थीं, ख़ास तौर से जब वह श्रृंगार रस के राग जैसे खमाज, काफी वगैरह पेश करती थीं तो उसमें एक छेड़ने का सा अंदाज़ होता था। गाने के बोल भी ऐसे होते थे जिनमें प्रेम, तड़प, माशूक से मिलने की ख़्वाहिश झलके, वह बोल जिनका असर किशोरवय के नौजवानों पर गहरा पड़े।

बिस्मिल्लाह याद करते हैं कि सिर्फ़ गानेवालियां और उनका संगीत ही नहीं, बल्कि उनके साज़िन्दे और तबला बजाने वाले भी अपने हुनर में माहिर होते थे। बिस्मिल्लाह बताते हैं कि 'उनमें एक ख़ासतौर से बीरू मिश्र का शागिर्द इतना माहिर था कि मैं सड़क पर खड़े-खड़े 'वाह- वाह' कह उठा। पास से गुज़रने वाला एक शख़्स रुक गया, उसे ताज्जुब हो रहा था कि मैं किसकी तारीफ़ कर रहा था- पर मैं तो उस पल में खो गया था।'

रोज़ दालमंडी की गली से गुज़रने में बिस्मिल्लाह के आनन्द का कारण ख़ासतौर पर वहाँ गूँजने वाला संगीत था। लेकिन यह भी सच है कि इस गली के साथ सामाजिक वर्जना भी जुड़ी थी, क्योंकि यहाँ औरतें अपने फ़ायदे के लिए पुरुषों का मनोरंजन करती थीं। इसलिए बिस्मिल्लाह बहुत ध्यान रखते थे कि कोई घर का सदस्य उन्हें देख न ले। जब उनके बड़े भाई शमसुद्दीन ने उन्हें उस गली में मटरगश्ती करते देखा, तो उन्होंने बिस्मिल्लाह को फ़ौरन मना किया, क्योंकि संगीत होने के बावजूद गली तो बदनाम थी ही।

उन दिनों यह रिवाज़ था कि लड़के-लड़कियों की शादी किशोरावस्था में ही कर दी जाती थी। बिस्मिल्लाह जैसे ही सोलह साल के हुए उनके परिवार ने तय किया कि उनकी शादी कर दी जाए। लड़की देखने कहीं दूर नहीं जाना था, वह उनके बड़े मामू सादिक अली की बेटी मुग्गन ख़ानम थीं। सादिक अली की एक दूसरी लड़की की शादी पहले ही उनके बड़े भाई शमसुद्दीन से हो चुकी थी। यह शादी सुविधा की थी और चचेरे-ममेरे आदि भाई-बहनों की शादी हो जाने की मुस्लिम परंपरा के मुताबिक भी थी।

बिस्मिल्लाह के हिसाब से 'प्रेम', जैसा बीसवीं सदी में परिभाषित किया जाता है, न उसकी उम्मीद की जाती थी और न ही दाम्पत्य सुख के लिए ज़रूरी समझा

जाता था। यह तय की हुई शादी थी जिसका रिवाज़ आज भी भारत में है। ब्याह की रस्में हो जाने पर भी बिस्मिल्लाह की ज़िन्दगी में कोई ख़ास फ़र्क नहीं पड़ा। पति-पत्नी उसी घर में परिवार के उन्हीं तमाम सदस्यों के बीच वैसे ही रह रहे थे जैसे पहले रहते थे। नवदम्पति के बीच शायद कुछ भी एक जैसा नहीं था सिवाय इसके कि वह दोनों एक ही परिवार के थे। बिस्मिल्लाह की दिनचर्या में कोई ख़ास फ़र्क नहीं आया। रियाज़ अब भी वह चुम्बक था जिसमें दिन का ज़्यादातर वक्त बीतता था। साल बीतते गए और इसके बीच उनकी पत्नी ने उन्हें नौ सन्तानें- पांच बेटे और चार बेटियां देकर अपना कर्तव्य पूरा किया। लेकिन उनमें किसी भी तरह की कला के लिए कोई कद्रदानी नहीं थी। यह विचित्र भी लग सकता है कि वह बिस्मिल्लाह के साथ उसी घर में और ऐसे परिवार में रहती थीं जहाँ संगीत लोगों का शौक भी था और पेशा भी। लेकिन हो सकता है कि चूँकि वहां पर्दा प्रथा और परंपरा गहरे जड़ जमाए थी जहाँ लड़कियों को संगीत सीखने की इजाज़त नहीं थी। शायद संगीत को केवल पेशे के लिये समझा जाता था। इसके बावजूद ये देख कर ताज्जुब होता है कि बिस्मिल्लाह की पत्नी की संगीत के प्रति कोई रुचि नहीं थी जिसके लिये बिस्मिल्लाह को अक्सर बहुत गुस्सा आता था लेकिन उन्होंने इससे समझौता कर लिया था। बिस्मिल्लाह ने लेखिका को बताया कि शादी के कुछ ही महीने बाद एक बार उन्होंने एक बहुत सुंदर ग़ज़ल गा कर अपनी पत्नी को सुनानी चाही लेकिन उनकी अनमनी सी प्रतिक्रिया देख कर उन्हें गुस्सा आ गया और उन्होंनें जल्द ही ऐसी कोशिश करनी बन्द कर दी।

हालाँकि कलाकारों के साथ अक्सर रंगीन मिजाज़ समझा जाता है, लेकिन बिस्मिल्लाह हर मायने में अपनी पत्नी के प्रति वफ़ादार रहे। वह सिनेमा की हीरोइनों को पसंद करते थे। सुलोचना के बाद मधुबाला और मीना कुमारी उनकी पसंद थीं। उस समय की महिला गायिकाओं से भी अच्छे दोस्ताना सम्बन्ध थे लेकिन उनका मुख्य शौक़ और लक्ष्य संगीत और शहनाई ही थे।

बिस्मिल्लाह की जवानी की यादों पर उनके मामू और गुरु से लगाव का गहरा रंग चढ़ा है। बिस्मिल्लाह के बड़े भाई भी शहनाई बजाना सीख रहे थे लेकिन उनसे कहीं ज्यादा वह अपने मामू की छत्रछाया में बड़े हुए थे। अगर दिन में रियाज़ का सख़्त अनुशासन था तो बाज़ार या दुकान जाने पर दुलार भी दिखाया जाता था। बिस्मिल्लाह बताते थे कि जब भी प्रस्तुति देने के बाद उनके गुरु रात में थक कर लेटते थे तो वह घंटों उनके पैरों पर मालिश करते थे। कभी-कभी देर रात में उनके मामू उन्हें कुछ बजाने को कहते थे और उसी समय कोई सबक मिल जाता था और अभ्यास शुरू हो जाता था। उनकी तरबियत सिर्फ़ साज़ और रागों की बारीकियां समझने तक सीमित नहीं थीं, बल्कि वह ज़िन्दगी में नैतिकता और आध्यात्मिकता पर भी सलाह देते और मार्गदर्शन करते थे। गुरु या शिष्य दोनों

में किसी का काम आसान नहीं था लेकिन एक बार सम्बन्ध बन जाने पर यह पूरे जीवन का बन्धन बन जाता है।

सितारवादक रविशंकर ने एक बार लिखा था 'पानी पिएं छान के, गुरु बनाएं जान के'। रविशंकर खुद मध्य प्रदेश के महियर में अपने गुरु अलाउद्दीन ख़ान के साथ रहते थे। उन्होंने अपना सुख-सुविधा वाला जीवन छोड़ कर गुरु के साथ उन्हीं के घर पर उन्हीं की दिनचर्या के अनुसार रहने लगे थे। घंटों के रियाज़ के बाद भी अगर गुरु के हिसाब से सही बजाने में ग़लती हो जाने पर डाँट और कभी कभी मार भी खानी पड़ जाती थी।

बिस्मिल्लाह के लिये जीवन-शैली में कोई ख़ास परिवर्तन नहीं हुआ था और उनके मामू की यादें उन्हें इतनी प्रिय थीं कि सालों बाद भी वह अपने गुरु के साथ सम्बन्ध को बहुत इज़्ज़त और मोहब्बत के साथ याद करते थे : 'मेरे गुरु ऐसे कलाकारों में से एक थे जिनमें कोई ऐब नहीं था, ना वो शराब पीते थे ना जुआ खेलते थे, उनकी एक ही लत थी संगीत और रियाज़। मेरे मामू ने सालों तक मंदिरों में रियाज़ और शहनाई वादन किया था और इस निष्ठा के लिये उन्हें इनाम भी मिलते थे। उन्हें ऐसे आशीर्वाद मिले जो उनसे कोई नहीं ले सकता था – हज़ार आदमी मिल कर भी नहीं ले सकते थे।'

अली बक्श, बिस्मिल्लाह के मामू और गुरु का उनकी परवरिश और विकास में – दोनों का एक कलाकार और एक शख़्स के रूप में महत्वपूर्ण योगदान रहा।

अली बक्श ऐसे समय के धर्म निरपेक्ष गुरु थे जब धर्म निरपेक्षता की कोई बात नहीं करता था। वह बहुत सालों तक बनारस के विश्वनाथ मंदिर में शहनाई बजाते रहे, इसलिए वह उस आध्यात्मिक प्रभाव से अछूते नहीं रहे जो अक्सर भक्तों को सदियों की प्रार्थनाओं और पूजा के बाद मिलता है। वह अक्सर अपने भांजे को उन अमूर्त, अवर्णनीय उपलब्धियों के बारे में बताते थे, जो सच्ची आध्यात्मिकता से ही मिलती हैं। वह एक ऐसा माहौल जिसमें पीर – शहीद और देवी – देवताओं की कृपा समान रूप से मिलती है। बाद में बिस्मिल्लाह ने बहुत सालों तक ज्ञान की देवी सरस्वती का एक बड़ा सा चित्र लगा रखा था जिसे वह रोज़ नमन करते थे। बिस्मिल्लाह यह पूरी तरह से मानते थे कि ईश्वर तक पहुँचने के रास्ते अलग-अलग हो सकते हैं, जो बहुत कुछ सूफ़ी मत की तरह है। यह विश्वास उन्हें जीवनभर रहा लेकिन इससे उनके सच्चे शिया मुस्लिम की हैसियत से फ़रीज़ों में कभी कोई अड़चन नहीं आई। उनके इन बहुलतावादी व्यवहार और विश्वासों ने ही बिस्मिल्लाह को यह व्यक्तित्व और ऊंचाई प्रदान की जो उनकी उच्चकोटि के कलाकार की छवि के अनुकूल थी। देश को जब कभी एक धर्म निरपेक्ष आवाज़ की ज़रूरत हुई तो सबसे पहले उदारचेता, सहृदय, पूर्ण विश्वसनीय बिस्मिल्लाह ख़ान का ही नाम सामने आता था।

बीस साल के होने पर बिस्मिल्लाह ख़ान संगीत सभाओं और संगीत सम्मेलनों में प्रस्तुति देने लगे थे और लोग उन्हें जानने लगे थे। उनके संगीत की तारीफ़ भी

होने लगी थी। अभी तक शहनाई को सिर्फ़ शादियों में बजाया जाने वाला तुच्छ साज़ समझा जाता था। जैसे बिस्मिल्लाह की दादी ने शहनाई के लिये कुछ कड़ुवाहट के साथ कहा था – 'यह मौजूद तो रहती है लेकिन किसी मौक़े का ख़ास हिस्सा नहीं होती, घर के बाहर बरामदे या नौबतखाने में, पूरे जलसे से अलग रखी जाती है'। शहनाई का ना कोई दर्ज़ा था, ना कोई अभिजात परम्परा। संगीत समारोहों में इस साज़ का इस्तेमाल ना के बराबर होता था। इसीलिए बिस्मिल्लाह ख़ान में यह जो हुनर, कौशल और प्रदर्शन का अद्भुत सम्मिश्रण था, उसे प्रशंसा और प्रशंसक दोनों मिले।

बाद में उन्होंने शहनाई को जैसे बिल्कुल अपने ढंग में ढाल लिया। लकड़ी और बांस के उस साज़ में आवाज़ की बारीकियाँ, उतार-चढ़ाव अपने हिसाब से करने लगे। पारम्परिक शहनाई तीखी और गूंजती आवाज़ के लिये जानी जाती थी। लेकिन बिस्मिल्लाह ने इसे यह रूप दिया जो 'गायिकी अंग' के नाम से जाना गया, जिसमें स्वरों की विविधता, उतार-चढ़ाव और भाव–प्रवणता होती थी जो बिस्मिल्लाह और उनके परिवार के गायन की विशिष्ट शैली थी। ख़ासतौर से माइक्रोफ़ोन आ जाने के बाद से वे मंच प्रस्तुति में इसका प्रयोग करते थे। आकस्मिक रूप में शहनाई का स्वर तीखा और तेज़ होता था जिसमें बारीकियां निकालना संभव नहीं होता था। ऐसा कहा जाता है कि इसकी तेज़ कर्णकटु आवाज़ की वज़ह से मुग़ल सम्राट औरंगज़ेब ने इसे प्रतिबंधित कर दिया था जिनकी मौसूकी के लिये नापसंदगी जगज़ाहिर है। इसे 'नापिली' अर्थात् 'नापाक' करार दे दिया गया था।

बिस्मिल्लाह ख़ान ने शहनाई को, जिसे पहले तुच्छ साज़ मना जाता था, अपने ढंग में ढाल लिया जिसमें सुरों की बारीकियां और गायिकी अंग जोड़ दिये।

माना जाता है कि भारत में शहनाई ईरान से आई। इसकी सबसे बड़ी ख़ूबी थी कि इसकी आवाज़ इंसानी आवाज़ से मिलती-जुलती थी। एक लोककथा के अनुसार ईरान के एक हाकिम बू–अली सैना अपनी संगीत कला से शाह को ख़ुश करना चाहते थे। चूँकि उनमें यह हुनर था ही नहीं, इसलिए उन्होंने परदे के पीछे से शाह के लिये गाने की जगह शहनाई बजाई। शाह ने उनकी इस कोशिश की तारीफ़ की और धीरे-धीरे लोगों को हाकिम के इस साज़ और हुनर के बारे में पता चला। शहनाई शब्द हाकिम के नाम *बू–अली सैना* का ही बिगड़ा रूप है। अफ़गानिस्तान के दर्रे से होते हुए शहनाई की लोकप्रियता पंजाब के मैदानी इलाकों के बाद दिल्ली और फिर बनारस पहुंची।

बनारस में मंदिरों की बहुतायत की वज़ह से शहनाई को हाथों-हाथ लिया गया। अब भी इसे एक शुभ वाद्ययंत्र की ही तरह समझा जाता था जिसका स्वर देवताओं और नए दिन का स्वागत करता था। बनारस में मौजूद मंदिरों की संस्था के लिए कुशल शहनाई वादकों की माँग बढ़ती गई जिसके कारण बजाने वालों में प्रतिस्पर्धा का भाव आया, क्योंकि महत्वपूर्ण जगहों को हासिल करने की होड़ सब में थी। एक सदी पुराने बनारस की कल्पना बहुत मोहक लगती है। भारत की पवित्रतम नदी के तट पर बसा ज्ञान, संगीत और संस्कृत का एक प्रसिद्ध केंद्र, जिसके मंदिर मंगल ध्वनि से गूंजते हों, यह सब 'बनारस की सुबह और अवध की शाम' की ख़ूबसूरती के बयान की पुष्टि सी करते प्रतीत होते हैं। कवि, साहित्यकार, कलाकार, आध्यात्मिक गुरु और संन्यासी सभी गंगा में सूर्योदय – दर्शन के महात्म्य का वर्णन करते रहे हैं।

स्वतंत्रता–पूर्व भारत के अनेक राजाओं–महाराजाओं ने गंगा के घाटों पर विशाल महल बनवाए- जिनमें होल्कर, सिंधिया और दरभंगा आदि के राजे-रजवाड़े हैं। यह वह समय था जब आरामदेह महँगे होटल बने नहीं थे और रजवाड़े के लोग धर्मशालाओं में रह नहीं सकते थे, इसीलिए उन्होंने अपने रहने के लिये स्थायी निवास बनवाए जिनमें आकर वे सावन या कार्तिक के पवित्र महीनों में रह सकते थे या आकर अपने लोगों या अपने पितरों के लिए पूजा – अनुष्ठान कर सकते थे। शुरू में यही शाही परिवार संगीत, कला, नृत्य आदि को संरक्षण प्रदान करते थे। उन्होंने एक स्वस्थ प्रतिस्पर्धा के माध्यम से बनारस में कुछ महान शहनाई वादकों को तैयार करने में सहायता की। इन रजवाड़ों में सबसे मुख्य तो बनारस के राजा काशीनरेश ही थे। राम नगर का भव्य महल और किला घाटों की धक्का-मुक्की से अलग गंगा के दूसरे तट पर बना है जिसमें परम्परा का निर्वाह करते हुए शहनाई वादकों के लिए नौबतखाना भी है।

सन 1940 में बिस्मिल्लाह को भावनात्मक और किसी हद तक व्यावसायिक धक्का लगा। उनके प्यारे मामू और गुरु अली बक्श का निधन हो गया। बिस्मिल्लाह टूट गए, क्योंकि अली बक्श उनके लिए पिता-तुल्य थे और उनके जीवन का आधारस्तम्भ थे। बहुत दिन तक वह अपने दुःख से नहीं उबर सके। उनकी समझ में नहीं आता था कि अब वह अपनी ज़िन्दगी और संगीत के लिए किससे सलाह कर सकते हैं। अली बक्श के कोई बेटा नहीं था (केवल तीन बेटियां थीं), इसलिए वह बिस्मिल्लाह को अपना बेटा और वारिस समझते थे। हालाँकि उनके भाई शमसुद्दीन भी शहनाई बजाने में माहिर थे लेकिन इसमें शक़ नहीं कि हुनर में बिस्मिल्लाह उनसे कहीं आगे थे पर यह बात वह खुलकर नहीं कहते थे। जब वह दोनों एक साथ बजाते थे तो बिस्मिल्लाह उनके पीछे रहकर ही बजाते थे और संतुष्ट रहते थे। उन भाइयों ने अच्छा नाम कमाया था।

लेकिन बढ़ता परिवार और उसकी जिम्मेदारियां अब बिस्मिल्लाह को परेशान करने लगीं थीं।

बिस्मिल्लाह के दूसरे बेटे नय्यर हुसैन उन दिनों की माली दिक्कतों के बारे में बताते हैं: 'हम लोग उन दिनों कच्चे मकान में रहते थे जिसकी छत बरसात में टपकती थी। हमारा परिवार बड़ा था और अब्बा को ज़रूरतें पूरी करने में मुश्किल आती थी, लेकिन वह हमेशा कोशिश करते थे कि अपनी माली परेशानी को अपने ख़ुशदिल बर्ताव से छिपा लें। हम खेल में इस बात की होड़ लगाते कि किसके हिस्से में ज़्यादा नाश्ता आएगा। जब हम स्कूल से घर आते तो वह हमें पास के एक मैदान में ले जाते, साथ में एक बड़े कटोरे में लाई-चना ले जाते, और हम सब की दौड़ कराते, जो जीतता उसे दूसरों से दोगुना लाई-चना मिलता। ताज्जुब की बात यह थी कि वह हमेशा ख़ुश रहते और कहते - «अल्लाह देगा!»। कभी-कभी तो घर में खाने का सामान बहुत कम होता, अब्बा मां से पूछते ' तुम्हारे पास कुछ पैसे हैं' तो अम्मी कहतीं 'सिर्फ़ पांच रुपये हैं'। वह एक रुपये का आटा और कुछ प्याज ले आते- अम्मी परांठे पकातीं और अब्बा प्याज और हरी मिर्च काटकर उसमें अच्छे से नमक और सरसों का तेल मिलाते और हम सब वही खाकर सो जाते। जब पैसे कम होते तो वे ऐसा ही खाना हम सब को दे पाते थे। कसरत के बाद जब हम थक जाते तो हमें एक-एक मुट्ठी चना और किशमिश देते।'

दुर्भाग्यवश नय्यर हुसैन अपनी ज़िन्दगी के अधिकतर दिनों में अपने वालिद के पीछे ही बजाते रहे और उनके जाने के तीन साल बाद ही उनकी भी मृत्यु हो गई।

ऊपरः *बिस्मिल्लाह के दूसरे बेटे नय्यर हुसैन, जो उनके सबसे अधिक सम्भावित उत्तराधिकारी थे।*

उनके बेटों के लिए दूसरी कसरत कुश्ती थी। वह अपने पुराने उस्ताद के पास गए और अपने बेटों को उनके सुपुर्द कर दिया। नय्यर हुसैन बताते थे कि उन्होंने उनसे बीस साल तक कुश्ती के दांव सीखे।

शुरुआती दिनों की माली तंगी की एक अमिट छाप बिस्मिल्लाह के मन पर पड़ी। मृत्युशैया पर भी उन्होंने नय्यर हुसैन से कहा 'बड़ी मुश्किल से तुम लोगों को पाला है।' फिर भी कोई समय तो होगा जब बिस्मिल्लाह को उम्मीद रही होगी कि उनके बेटे उनके नक्शे कदम पर चलेंगे और उन्हें गौरवान्वित करेंगे। जब उनके बेटे सात या आठ साल के रहे होंगे, उन्होंने उनकी तरबियत शुरू कर दी थी। उनका तरीका था कि वह पहले गायन सिखाते थे और एक साल तक सिर्फ़ स्थायी या मुखड़े का रियाज़ कराते थे। उनका कहना था कि बार-बार दोहराकर तब तक रियाज़ करते रहो जब तक कि हर सुर बिल्कुल पक्का न हो जाये। जब उन्हें लगता था कि उनके बेटे शुरुआती चीज़ें अच्छी तरह समझ गए हैं तब उन्हें 'भोपाली', 'बिलावल' जैसे आसान राग रियाज़ करवाते थे। नय्यर हुसैन बताते हैं कि उनके वालिद ने उन्हें अठारह साल तक गायन की शिक्षा दी और तब जाकर उन्हें इस

बिस्मिल्लाह ख़ान और पार्टी नियमित रूप से संगीत सम्मेलनों और रेडियो में बजाते रहे। भाई की मृत्यु के बाद उनकी दोनों परिवारों की ज़रूरतों को पूरा करने की ज़िम्मेदारी बढ़ गई थी।

हिदायत के साथ शहनाई दी कि वह कम से कम आठ से दस घंटे का रियाज़ करें। रियाज़ के लम्बे मशक्कत भरे घंटों के बावजूद फेफड़ों की ताक़त और दमख़म बनाये रखने के लिये दौड़ना, तैरना और अखाड़ों में कसरत भी चलती रहती थी।

आसान शब्दों में कहें तो चुस्त-दुरुस्त नौजवानों का यह दल दूसरे काम भी करता था। जब बिस्मिल्लाह की पार्टी किसी दूसरे शहर कार्यक्रम के लिये जाती थी तो वह सिर्फ़ तीसरे दर्ज़े के डिब्बे में ही सफ़र करते थे। तब वह अपने बेटों और साथ के दूसरे नौजवान लड़कों को सबसे पहले सही डिब्बा देखकर फ़ौजियों की जैसी मुस्तैदी से पूरे डिब्बे पर कब्ज़ा करने को कहते। प्लेटफ़ार्म पर ही कार्यक्रम की जगह पहुँचने तक के लिए पर्याप्त खाने-पीने की कुछ सस्ती चीज़ें खरीद ली जातीं। यह दौर वह था जब बिस्मिल्लाह ख़ान और पार्टी को एक कार्यक्रम के लिये इक्कीस रुपए की छोटी सी रक़म मिलती थी और यह रक़म उनकी ज़िन्दगी में बढ़कर पाँच लाख हो गई। नय्यर हुसैन बताते हैं कि उनकी पहली प्रस्तुति की फीस पाँच रुपये थी।

जब बिस्मिल्लाह लगभग बत्तीस-तैंतीस साल के ही रहे होंगे तभी उनके बड़े भाई शमसुद्दीन का इंतकाल हो गया। उन दिनों टाइफाइड भी असाध्य होता था और उनतालीस साल की उम्र में ही शमसुद्दीन उसका शिकार हो गए। बिस्मिल्लाह एक बार फिर शोक में डूब गए। दोनों भाई एक दूसरे के बहुत क़रीब थे। जिन लोगों ने उनकी जुगलबन्दी सुनी थी वे उनकी आपसी समझ, तालमेल और एक दूसरे के प्रति प्रशंसा के भाव को भलीभांति समझते थे। हालाँकि अक्सर दोनों भाई साथ साथ ही बजाते थे, फिर भी शमसुद्दीन ने घर की जिम्मेदारियां अपने ऊपर ले ली थीं ताकि बिस्मिल्लाह व्यावसायिक पक्ष पर पूरा ध्यान दे सकें। अब घर और व्यवसाय दोनों ही जिम्मेदारियां बिस्मिल्लाह के कंधे पर आ पड़ी थीं।

संगीत ख़ान साहब को अनुभवातीत जगत में पहुंचा देता था जहां वह सुर की बारीकियों में पूरी तरह खो जाते थे।

हालाँकि बिस्मिल्लाह ख़ान संगीत समारोहों और रेडियो में लगभग नियमित रूप से बजाते थे लेकिन अब अपने और अपने भाई के परिवारों की ज़रूरतें पूरी करने की उन्हें चिंता रहती थी। वह अपना रियाज़ तो नहीं छोड़ सकते थे, क्योंकि वही उनकी रोज़ी-रोटी थी लेकिन अब वह अपने बेटों की तरबियत के लिए वक़्त नहीं निकाल पाते थे। हालाँकि वह उन्हें सलाह देते रहते थे लेकिन जिस तरह की तालीम उन्हें अपने मामू से मिली थी, वह अपने बेटों को नहीं दे सके। यह भी अफ़सोस उन्हें ज़िंदगी के आख़िरी दिनों तक रहा कि वह एक और बिस्मिल्लाह ख़ान नहीं बना पाए। उनके एक और शिष्य थे दीपचंद के पुत्र जगदीश प्रताप, जो दिल्ली के नफीरी (शहनाई की एक कमतर प्रकार) वादक हैं। 1946 में शिष्य के तौर पर जगदीश बिस्मिल्लाह के परिवार का हिस्सा बने। जैसा पहले भी बताया जा चुका है कि वह और बाद में उनके बच्चे बेनिया बाग के इस बड़े परिवार का हिस्सा रहे। जगदीश को कभी संगीत समारोहों में बजाने का अवसर नहीं मिला। यह भी सही है कि बिस्मिल्लाह ने जिन लोगों को सिखाया उनमें स्वाभाविक प्रतिभा भी एक कारण था, लेकिन एक वारिस ना बना पाने की कसक उनके इस प्रिय कथन में झलकती है – 'अल्लाह इल्म दे तो मुकद्दर भी दे' इनमें से एक की भी कमी पूरी तरह सफलता नही दिला पाती। अपनी बात को और स्पष्ट करते हुए बिस्मिल्लाह कहते थे कि ईश्वर की कृपा के लिए भाग्यवादी होते हुए भी इंसान किसी हद तक मुकद्दर का वरदान पा ही सकता है, क्योंकि मुकद्दर दुआओं से भी मिलता है।

बिस्मिल्लाह का यह पक्ष उनके चरित्र को दोहरा रूप देता था जिसे देख कर उनके संपर्क में आने वालों को हैरानी होती थी। वह जानते थे कि उनमें प्रतिभा है लेकिन उन्होंने मेहनत भी की है तब जाकर यक्त अर्थात शीर्ष पुरुष बने हैं। इससे

उन्हें ज़रूरत भर धन तो मिला है लेकिन उन्हें दुआओं की दरकार थी, और इसके लिए वह अपनी जाति ज़िन्दगी में बेहद किफ़ायतशारी से रहते थे और बेनिया बाग के सराय हराह इलाके के कितने ही ज़रूरतमंदों के ऊपर खर्च करते थे। दुआ विनम्रता से भी मिलती है। बिस्मिल्लाह बड़े चाव से कहते थे कि उनकी सच्ची दौलत तो उन्हें अपने संगीत से मिलती है। जब रात के शान्त वातावरण में शहनाई बजाते हैं तब वह इस लौकिक संसार से दूर हो जाते हैं, उन्हें 'अस्सार' – दिव्य से मिलन का परमानन्द प्राप्त होता है। वह दौलत अतुलनीय है।

एक बार लेखिका के साथ साक्षात्कार में उन्होंने बताया कि कभी-कभी ऐसा होता है जब उन्हें महसूस ही नहीं होता या होश ही नहीं रहता। सुर सीधे उनके दिल से निकलते हैं और उन्हें ऐसा लगता है कि सामने श्रोता भी इस दुनिया के नहीं हैं, वह ऋषि-मुनि हैं और तब वह और उनका संगीत उन्हें पूरी तरह समर्पित होता है। और यह पल होता है जब उन्हें इस दुनिया का कुछ भी पाने की ख़्वाहिश नहीं रहती – बस – रहता है – 'मेरे मालिक तू मुझे ले ले, तू ही निरंकार, तू ही फूल और फल में है'।

लेकिन 'मुकद्दर की चाभी तो' इल्म में होती है, लेकिन इल्म का मतलब सिर्फ़ प्रतिभा, ज्ञान और प्रशिक्षण ही नहीं होता, बल्कि साधना भी आवश्यक होती है। साधना के लिए अनुशासन और लगन जरूरी होती है जिसे बिस्मिल्लाह तपस्या कहते थे 'संगीत और गुरु के सामने अपनी हस्ती मिटा देना'। तपस्या में रियाज़ भी शामिल था। सुबह के शान्त समय में जिस जगह भी कुछ दिव्य अनुभूति मिले चाहे किसी मंदिर में, गंगा किनारे, किसी एकांत स्थल पर या रात के सन्नाटे में। बिस्मिल्लाह शिष्यों के सम्बन्ध में सख़्त थे और अपने उसूलों के साथ समझौता नहीं करते थे। वह संगीत विद्यालयों के पक्ष में नहीं थे। एक बार लेखिका के साथ साक्षात्कार में उन्होंने कहा था, 'उनमें से कोई तानसेन बन कर निकला या फैयाज़ ख़ान या अब्दुल करीम ख़ान?' शायद बिस्मिल्लाह के बेटे समर्पित गुरु-शिष्य सम्बन्धों और संगीत – विद्यालय दोनों के कुछ बीच के माहौल में पड़ गए। अक्सर बिस्मिल्लाह संगीत-विद्यालयों की सीमाओं का मखौल उड़ाते थे। वह एक पिंजड़े की तरह होते हैं जहां पंछी की आज़ाद रूह को कैद कर दिया जाता है। वह नय्यर हुसैन से कहते थे कि जाओ अपना ठिकाना ढूंढ़ो, अपने दिल की पुकार सुनो, रियाज़ करो और जहाँ भी मौका मिले अपनी प्रस्तुति दो, संगीत समारोहों के मंच का इस्तेमाल करो छोटे-बड़े से कोई फ़र्क नहीं पड़ता। लेकिन दुर्भाग्यवश ऐसा हो नहीं सका। उनके बेटों में कोई भी उनकी परछाई से अलग नहीं हो सका। वह उनके पीछे सुर देने वाले साथियों की तरह ही बैठते रहे – मध्यम लगाओ, अब पंचम, अब गंधार, जबकि उनके वालिद नब्बे साल की उम्र में भी मंच के मुख्य कलाकार होते थे।

कलाकार और व्यक्तित्व

जब पैगम्बर बक्श ने अपने बेटों को डुमरांव से बनारस भेजा था तब वह अच्छी तरह से जानते थे कि वह क्या कर रहे हैं। बनारस सांस्कृतिक गतिविधियों का स्थापित केंद्र था जहाँ श्रेष्ठतम संरक्षक, प्रायोजक और कलाकार रहते थे। बिस्मिल्लाह और उनके परिवार के अन्य सदस्य अक्सर महाराजा डुमरांव के दरबार में होने वाले दशहरा उत्सव देखने के लिए वहाँ जाया करते थे। डुमरांव के उत्सव बनारस में होने वाले कार्यक्रमों के मुकाबले में फीके होते थे। यहाँ काफ़ी तादाद में रईस रहते थे जिनके पास फ़ुर्सत भी थी और खर्च करने को दौलत भी थी। इसलिए वे बनारस में काफ़ी तादाद में रहने वाले कलाकारों को संरक्षण प्रदान कर सकते थे। इसलिए बनारस में कार्यक्रमों की कोई कमी नहीं रहती थी। इनमें सबसे महत्वपूर्ण बसंत, चैती, सावन-भादो, शरद आदि मौसमों के उत्सव होते थे। शिवरात्रि, होली, ईद, रामनवमी, जन्माष्टमी, दशहरा, दिवाली आदि त्यौहारों के उत्सव होते थे। इनके अलावा शादी, जन्मोत्सव, मुंडन संस्कार आदि व्यक्तिगत अवसर होते थे। और निश्चित रूप से कलाओं के संरक्षक बनारस के महाराजा काशी नरेश तो थे ही, जिनके संरक्षण में ही अनेक सांस्कृतिक उत्सव कराए जाते थे।

बिस्मिल्लाह से बात करते और उनके विस्तृत विवरण सुनते हुए उनके दरबारी पुरखों के बारे में आसानी से जाना जा सकता था। बिस्मिल्लाह ऐसे कहानीकार थे जो अच्छी कहानियाँ सुनाना पसन्द करते थे और सुनाते हुए जो दृश्यचित्र बनाते थे उसका मज़ा भी लेते थे। होली उनका पसंदीदा त्यौहार था। यह अक्सर मार्च और अप्रैल के बीच पड़ता है। उस समय जब जाड़ा ख़त्म होने को होता है और गर्मी शुरू होने वाली होती है। दूसरे त्यौहारों की तरह ही यह भी कृषिचक्र से जुड़ा है, क्योंकि गेहूं की कटाई के पहले यह फ़ुर्सत का समय होता है।

भारतीय रंगों को अक्सर चित्रकारी में दिखाया जाता था जो उस राग के भाव को प्रदर्शित करे। यह छोटा सा चित्र बसंत – रागिनी प्रदर्शित कर रहा है।

'होली के मौक़े पर ठठेरों की टोली जुलूस बनाकर सड़क पर निकलती थी और मैं उनके साथ चलते-चलते शहनाई बजाता था। वह मौज में गाते और मैं वही धुन बजाता था। वह तारीफ़ में चिल्लाते "वाह भइया, तुम कितना अच्छा बजाते हो"। गलियाँ रंग, अबीर, गुलाल से भर जाती थीं – और जब मैं गाता था या ज़ोर-ज़ोर से बात करता था तो वह अबीर गुलाल मेरी साँसों में भर जाता था, मैं खांसता था तो अबीर मेरे मुँह से निकलता था। पर कोई परवाह नहीं! यह कोई ख़ास बात नहीं है। और सबसे अच्छे जुलूस के लिए कोई बर्तन या गिलास इनाम में दिया जाता था। सारे दिन हमारा जुलूस बनारस की सड़कों पर अपना इनाम दिखाता घूमता रहता। जाने-पहचाने लोग, पड़ोसी, दुकानदार पुकार कर

पूछते "भइया आज क्या जीता?" और हम अपनी ट्रॉफ़ी - एक गिलास या छोटा सा बर्तन दिखा देते। दालमंडी की गानेवालियाँ हमारे साथ गातीं थीं और त्यौहार का वह माहौल होता था- आजकल वैसा कुछ भी नहीं है। हमारे साथ सड़क पर सैकड़ों लोग होते, तालियाँ बजाते, होली का मज़ा लेते- हिंदू, मुसलमान, ईसाई- किसी तरह का कोई फ़र्क नहीं था। इतना अधिक मेल-मिलाप था कि किसी तरह के भेदभाव की कोई गुंजाइश नहीं थी'।

त्यौहार का माहौल देर दोपहर तक रहता था, फिर सभी मौज करने वाले अपने-अपने घर जाते, नहाते और नए कपड़े पहनते थे। शाम को परिवार वाले, मित्रगण सभी मिल कर मिठाइयों और गुझियों का मज़ा लेते। बिस्मिल्लाह से बात करते समय यह पता ही नहीं चलता था कि त्यौहार किस धर्म का है- होली है कि ईद – उनका उत्साह एक जैसा ही होता।

होली के बाद का पहला मंगल बुढ़वा मंगल कहलाता था। चार दिन तक बनारस गाने बजाने और मौज-मस्ती में खोया रहता था। लोग याद करते हैं कि उस समय पिकनिक होती थी। लोग बाहर घूमने जाते थे और नदी किनारे बड़े-बड़े जमावड़े होते थे। दिन–रात उत्सव का माहौल रहता था। हालाँकि कोई ऐसा ख़ास मौका उत्सव का नहीं होता था पर शायद यह बनारस की मौज-मस्ती के मिज़ाज का ही असर था। नदी किनारे सजने वाली महफ़िलों में बनारस के जाने-माने गायक और कलाकार पहुँचते थे। बड़े-बड़े बजरे आपस में बांध कर अस्थायी मंच तैयार किया जाता था जिस पर दरियाँ, मसनदें और सफ़ेद चाँदनी बिछाई जाती थीं जो इस तरह की गाने-बजाने की बैठकों के अनुकूल होती थी। सबसे बड़ा बजरा महाराजा काशी नरेश का होता था। दूसरे बड़े रईस लोग भी अपने ये तैरते मंच, जिन्हें 'पटैला' कहा जाता था, लेकर आते थे। ये आकार और सजावट में, अपनी अपनी हैसियत से छोटे-बड़े के हिसाब से अलग-अलग होते थे। लेकिन कोई भी महाराजा से बड़ी महफ़िल सजाने की सोच भी नहीं सकता था। महाराजा कुछ गिने चुने लोगों को रात भर चलने वाले उत्सव में शामिल होने का निमंत्रण देते थे। होली के बाद के दिन तो गरम होते थे पर नदी के ऊपर मार्च की भी रातें सुहानी होती थीं। सात किलोमीटर लम्बे घाटों में ऐसे जाने कितने 'पटैले' धारा के साथ हौले-हौले तैरते थे। मुख्या बजरा कुछ नावों के साथ रामनगर किले से भोसले घाट तक पाँच किलोमीटर का सफ़र सुबह तक तय करता था, जहाँ महफ़िल का समापन होता था। नदी पर इतनी भारी भीड़ देख कर दुकानदार भी नावों पर मिठाई और पेय-पदार्थों की दुकान लगा लेते थे। सैकड़ों लोग जो नाव पर नहीं

जा सकते थे या नहीं जाना चाहते थे, वे किनारे से नज़ारे का लुत्फ़ उठाते थे। नदी के ऊपर संगीत भी बहुत सुहाना लगता था जिसका आनन्द शहर के लोग भी लेते थे। दालमंडी की गायिकाएं और बिस्मिल्लाह ख़ान इस सब के मुख्य केंद्र होते थे। वह अक्सर उन उत्सवों के माहौल के बारे में बात करते थे – वह ख़ुशनुमा रातें, वह संगीत, नृत्य और आनन्दमय उत्सव, और तब उन्हें वह अल्फ़ाज़ याद आते थे जो उन्होंने अपने अलौकिक अनुभव के समय सुने थे 'मज़ा करेगा, मज़ा करेगा'। बिस्मिल्लाह की यादों का बनारस सचमुच बहुत ख़ूबसूरत था, हालाँकि बाद के दिनों में उनके प्रिय शहर में बहुत कुछ बदल गया था लेकिन उनकी यादों में वह जादू था, वह ताकत थी जिन्होंने उन्हें इस शहर से मजबूती से बाँधे रखा था।

बहुत लोग बनारस को नंदन कानन या बागों का शहर भी कहते थे। ये खुली जगहें बारिश के मौसम का उत्सव मनाने के लिये बहुत ठीक रहती थी। बिस्मिल्लाह इनका विस्तारपूर्वक और काव्यात्मक वर्णन करते थे।

'सावन का महीना है, हवा में ठंडी-ठंडी फुहारें आ रही हैं। तुतुरी बाग में सर्वश्रेष्ठ गायिकाएं एकत्रित हैं। पेड़ों पर झूले पड़े हैं। स्त्रियाँ पेंगे बढ़ा कर झूल रहीं हैं। और वह गाना- इस गाने की मिठास कोई भूल नहीं सकता – "सिया संग झूले बगिया में राम ललना"। बिस्मिल्लाह की याददाश्त इतनी तेज़ थी कि उन्हें गाने के सुर अब भी उसी तरह याद थे।

'मैं कभी-कभी गाता था, कभी उनके साथ शहनाई बजाता था। सुबह के आठ या नौ बजते-बजते पार्क में यहाँ के बड़े-बड़े रईस इकट्ठा हो जाते थे। फ़िर एक-डेढ़ बजे तक संगीत और मौज-मस्ती चलती थी। खाने के समान की भरमार रहती- पूड़ी, सब्ज़ी, आम, मिठाइयाँ, सभी कुछ होता था। दोपहर बाद

बनारस में गंगा के किनारे होली के बाद खुशी के उत्सव के दिनों में नदी के बीच में एक साथ मिला कर रखे गये राफ्ट्स पर आयोजित बड़े संगीत समागमों के साक्षी हैं।

सब आराम करते थे। कुछ लोग अपने घर कपड़े बदलने जाते तो कुछ वहीं पास के पोखरे में नहाते थे। शाम के पाँच-छह बजे लोग फिर इकट्ठा होते और संगीत का दौर फिर शुरू होता। सावन के जोश का बनारस में सही मायने में उत्सव मनाया जाता'।

बारिश के मौसम के गीत 'सावन और कज़री बिस्मिल्लाह के ख़ास पसंदीदा गीतों में से थे और वे संगीत महोत्सवों में इनका प्रदर्शन करते थे। शास्त्रीय गाने के बाद वह झट से कज़री पर पहुँच जाते। उसके बोल और धुन बनारस के तहज़ीबी मिज़ाज से बिल्कुल मेल खाते थे। जब बिस्मिल्लाह अपनी पसंदीदा कजरी शहनाई पर बजाते थे तो मानो गीत के बोल सुनाई देते थे 'घन घनन घनन घन बरसे, जियरा मोरा तरसे'। यदि गीत के बोलों में शब्दों की पुनरावृत्ति से बारिश और बिजली का भाव मन में आता था तो बिस्मिल्लाह की शहनाई में भी वही भाव होता था।

पार्श्व पृष्ठ– कजरी – बारिश का गीत मन में राधा-कृष्ण के प्रेम, काले, घने बादल, मोर का नाचना उसका स्वर आदि के चित्र सामने ले आते थे। बिस्मिल्लाह सहज़ भाव से अपनी शहनाई से अपनी पसंदीदा राधा-कृष्ण की कजरी के कोमल भावों को अभिव्यक्त कर देते थे। इस चित्र में बारिश के राग मेघमल्हार का चित्रण है।

कजरी का शाब्दिक अर्थ होता है 'काली'। बरसात के काले घने सम्मोहक बादलों वाली भारत की वर्षा सच में बहुत मोहक होती है। वर्षा ऋतु की कविता और गीतों में राधा-कृष्ण के प्रेम की छवि बहुत रोमांचक होती है और गीत का माधुर्य कानों में बजता सा प्रतीत होता है। यह पूरा वर्णक्रम – बिछुड़े प्रेमी के लिये उत्कंठा से लेकर मिलन के परम आनंद तक, उत्तर प्रदेश ख़ास कर बनारस के साहित्य और लोक परम्परा के अंग रहे हैं। उनमें से बहुत से वर्षा ऋतु के गीत हैं। एक गीत में एक नववधू के भाव वर्णित हैं जो अपने पति को छोड़ कर मायके नहीं जाना चाहती। उसका भाई उसे लेने आया है, लेकिन वह बारिश की इन ठंडी रातों में, जब कोयल अपने प्रिय को बुलाने के लिये कूकेगी और उसके साथ दादुर, मोर और पपीहा पार्श्व संगीत देंगे, वह भला अपने प्रिय से बिछोह को कैसे सह पायेगी – नहीं! वह अपने पति से कहती है कि मेरे भाई को लौटा दो, मैं इस सावन के महीने में तुम्हें छोड़ कर नहीं जाऊँगी। बिस्मिल्लाह बहुत सुंदर गाते थे और गायिकी की ताकत उन्हें विरासत में मिली थी। उन्होंनें राधा-कृष्ण से सम्बंधित एक कजरी गाई – झूले, फुहारें, नाचते मोर, मस्तीभरा नशीला

मौसम – यह सब उनकी शहनाई से बहते संगीत में अनायास ही समाया होता था। बिस्मिल्लाह ने अपनी शहनाई को इंसानी आवाज़ के भाव और बारीकियां प्रदान की थीं जो अब तक किसी ने सुनी भी नहीं थीं। बिस्मिल्लाह के बेटे नय्यर हुसैन बताते हैं कि उनके वालिद ने अपने साज़ को गायन की अभिव्यक्ति प्रदान की थी – 'उन्होंने उसे गायकी अंग में ढाल दिया'। नय्यर हुसैन कहते हैं कि बिस्मिल्लाह महान शास्त्रीय गायक आमिर ख़ान के बड़े प्रशंसक थे और उनकी शहनाई में उनके गायन की पेचीदा बंदिशों की झलक होती थी।

बनारस में बरसात का मौसम अनोखा ही होता था। बिस्मिल्लाह उसे कजरी का उत्सव कहा करते थे। जब यह उत्सव बागों में नहीं होता था, जहाँ संगीत की लहरी झूलों पर बैठी स्त्रियों के साथ उठती-गिरती थी, तो शहर के लोग उसे नदी पर मनाते थे। बरसात की लबालब भरी नदी इस पार से उस पार तक छोटी बड़ी नावों और बजरों से भर जाती थी। उनके बेटे नय्यर हुसैन बताते हैं कि गीत संगीत से गुंजायमान नावों से नदी इस कदर भर जाती थी कि दिखाई ही नहीं देती थी। एक तरफ़ लगभग दालमंडी की पचास गायिकाएं और दूसरी तरफ़ बजाने वाले – दोनों के बीच जुगलबन्दी में मुक़ाबला होता था। अक्सर वह लोग एक ही लाइन पकड़ लेते थे उलट पलट कर वही इधर से उधर होती रहती थी। नय्यर याद करते हैं – क्या जादुई माहौल होता था – 'एहि ठैंया मोतिया हेराइल, ओ रामा (यहाँ कहीं मेरा मोती खो गया है- ओ रामा), देखो देखो कैसी करत है ये रार, लपक झपक में टूटा गले का हार'- यही पंक्ति एक ही राग में लेकिन अलग-अलग तरीके से घंटों गाई जाती थी। उत्तर प्रदेश के कुछ लोकगीत ऐसे सूक्ष्म अर्थ वाले होते थे कि उनके कामुक संकेत गीत के सीधे-सादे शब्दों को झुठलाते प्रतीत होते थे। मोती खो जाने के सीधे-सादे शब्द 'मोतिया हेराइल', अपनी व्यंजना, संगीत और गाने की शैली से बता देते हैं कि 'मोती' कैसे खोया था – नखरीली किशोरी का उतावला प्रेमी – गीतों में इन दोनों की लपट झपट को ही अक्सर – कोई ज़ेवर – झुमका, महँगा कंगन या टूटा हार खो जाने का कारण दर्शाया जाता है, जैसा इस गीत में मोती खोने का है। इस तरह के संगीत में एक दोस्ताना होड़ और छेड़ने का माहौल बनता है जिसमें कामुक ध्वनि पर झीना सा आवरण रहता है। जब साजिंदों की तरफ़ से बिस्मिल्लाह चुनौती लेते थे तब वह अकेले ही उस प्रतिस्पर्धा पर छा जाते थे और यह निश्चित कर

कप से चाय की चुस्कियां लेते बिस्मिल्लाह ख़ान; विदेशों में अपनी असंख्य यात्राओं के बावजूद वह सरल बने रहे, कैमरे की वजह से अपनी आदतों को नहीं बदला।

देते थे कि होड़ में ऊपर वही रहेंगे। जब कोई मज़ाक में उनसे शिकायत करता कि उन्होंने तो प्रतिस्पर्धा ही ख़त्म कर दी, तो वह जवाब देते 'हमलोगों की लड़ाई हाथ-पैर की नहीं है – हमलोगों की लड़ाई दिमाग की है'।

बनारस में कलाकारों के बीच दोस्ताना हंसी-मजाक का रिवाज़ था लेकिन यह बराबरी के फ़नकारों के बीच ही होता था। भारत के किसी शहर के मुकाबले बनारस में फ़नकारों की बिरादरी बहुत बड़ी थी। बनारस का एक ख़ास मोहल्ला है कबीरचौरा – जहाँ हर दूसरे घर की एक संगीत परंपरा थी – 'घराना' – आने वाली पीढ़ी की धरोहर। तबला उस्ताद शांता प्रसाद, गोदई महाराज, कंठे महाराज, किशन महाराज, गायक हनुमान मिश्र, कथक-नर्तकी सितारा देवी, ये सब आस-पास ही रहते थे। अपने-अपने फ़न की महारत और अक्सर एक साथ मंच पर प्रस्तुति देने के कारण आपस में दोस्ती के साथ प्रतिस्पर्धा होना लाज़मी था। बिस्मिल्लाह के दोस्तों, सहकर्मियों और दूसरे कलाकारों को उनके बेटे 'चाचा' कहते थे।

उनमें से एक बैजनाथ चाचा थे। नय्यर हुसैन बताते हैं कि एक बार एक कार्यक्रम के दौरान बैजनाथ, जो सारंगी उस्ताद थे, ने बिस्मिल्लाह को 'शादी की

बिस्मिल्लाह ख़ान नैना देवी के साथ एक कार्यक्रम में। बरख़िलाफ़ अपनी आदत के वह अपनी ट्रेडमार्क टोपी नहीं पहने – जाड़े में काली ऊनी टोपी और गर्मी में सफ़ेद कढ़ी हुई टोपी।

शहनाई वाला' कहकर छेड़ा और कहा, देखो इसकी हिम्मत यह संगीत समारोह में बजाने आया है।

विश्वस्तर के संगीत जगत में अपनी हैसियत से आश्वस्त बिस्मिल्लाह मुस्कुरा कर बोले 'मैं तो स्टेज के बीच में बैठकर बजाता हूँ, लेकिन तुम? तुम तो तवायफ़ के पीछे बैठ कर सारंगी पर संगत करते हो'।

पांचवें दशक के अंतिम दिनों तक तबलावादकों को भी तुच्छ समझा जाता था – बस संगत देने वाला – वह कभी प्रमुख कलाकार नहीं समझा जाता था। यह तो कंठे महाराज, किशन महाराज और ज़ाकिर हुसैन जैसे सिद्धहस्त कलाकारों के आने के बाद तबलावादकों को अकेले मंच मिलना शुरू हुआ। किशन महाराज पहले व्यक्ति थे जिन्होंने इस कला की विशिष्ट पहचान के लिए संघर्ष किया। कला और अपने स्वभाव की दृष्टि से वह इस लड़ाई के लिए बिल्कुल सही थे। अक्सर वह इस बात पर खीझते दिखाई पड़ते थे कि उन्हें अपने स्तर से कम स्तर वाले कलाकार के साथ संगत करनी पड़ती थी। कई बार ऐसा होता था कि वह सफलता-पूर्वक मुख्य कलाकार से बेहतर प्रदर्शन कर देते थे। उन्हें अपने रूप-रंग पर गर्व था। कड़क रेशमी कुर्ता, धोती पहने माथे पर बड़ा सा लाल तिलक लगाये किशन महाराज का व्यक्तित्व वास्तव में प्रभावशाली लगता था। वह बिस्मिल्लाह के इस सिद्धान्त को सही मानते थे कि 'अच्छी पोशाक और अच्छी बातचीत कलाकार का धन है'।

लेकिन किशन महाराज बिस्मिल्लाह के सूफ़ियाना रहन-सहन के दर्शन के समर्थक नहीं थे- और वह सादगी भी संन्यासियों की हद तक! एक बार किशन महाराज ने अपने घर पर कलाकारों के लिए दावत का इंतज़ाम किया जिसमें बिस्मिल्लाह को भी बुलाया। उन्होंने अपनी आदत के मुताबिक कहा कि वह अपने बच्चों के साथ ही आएंगे। निमंत्रण बिस्मिल्लाह के पूरे परिवार के लिये आ गया। जब बिस्मिल्लाह किशन महाराज के घर पहुंचे तो उनका रहन-सहन देखकर ख़ुश हुए। उनके हिसाब से एक कलाकार या संगीतकार रईस बनने के लिये नहीं बना होता। उसकी सच्ची दौलत तो सच्चे संगीत-प्रेमियों की प्रशंसा में होती है। वह अपने बेटों से कहते थे कि एक कलाकार को फ़कीरी की ज़िन्दगी ही बितानी चाहिए।

किशन महाराज का घर उनकी विभिन्न रुचियों को दर्शा रहा था, ख़ास तौर से उनका बाग़ के प्रति प्रेम। वहां तरह-तरह की चिड़ियाँ थी – कबूतर, तोता, मैना – एक कुत्ता और रंगीन फूलों से सँवारा हुआ बगीचा। मन बहलाव की ये सब चीज़ें देखकर बिस्मिल्लाह के अंदर के संन्यासी ने किशन महाराज से पूछ ही लिया 'आप कलाकार हैं या रईस? क्योंकि ये सब शौक तो रईसों के हैं। इस सबके लिए वक़्त और पैसा कहाँ से मिलता है?'

बिस्मिल्लाह के सवाल की सच्चाई स्वीकार करते हुए किशन महाराज ने जवाब दिया कि यह आज के ज़माने की ज़रूरत है। अब दिखावे का महत्व हो गया है। 'लेकिन आपके चाचा कंठे महाराज के पास तो यह सब नहीं था' बिस्मिल्लाह बोले 'सादे धोती कुर्ता में भी वह अपने फ़न की महारत दिखाने में समर्थ थे'। 'वह दिन और थे बिस्मिल्लाह भाई! किशन महाराज बोले- अब ज़माना बदल गया है'।

नाम, शोहरत, दौलत की चाह रखने वाले कई कलाकारों ने किशन महाराज की हाँ में हाँ मिलाई। वह बनारस से दूर आधुनिक शैली के बड़े घरों में रहने चले गए लेकिन बिस्मिल्लाह अपने बेनिया बाग के पुराने घर में रहते रहे, उसी जीवन शैली के प्रति निष्ठावान रहे जो उनके विश्वास पर खरी उतरे।

बिस्मिल्लाह ने बहुत से फ़नकारों के साथ जुगलबन्दी करते हुए मंच साझा किया, लेकिन नय्यर हुसैन बताते हैं कि दोस्ताना रिश्ता विलायत ख़ान के साथ ही था, क्योंकि दोनों के ख़्यालात मिलते थे। विलायत ख़ान का ज़िन्दगी और मौसूक़ी के प्रति रवैया और सितार पर उनकी महारत ये दोनों ख़ासियत थी जिनकी वज़ह से बिस्मिल्लाह उनकी तारीफ़ करते थे। विलायत ख़ान सिर्फ़ बिस्मिल्लाह के साथ बजाना पसंद करते थे जो शायद सितार और शहनाई की पेचीदा जुगलबन्दी होती थी। एक बार उन्होंने कहा था 'हमारी रूह और भईया (बिस्मिल्लाह) की रूह एक है'। (हम दोनों की आत्मा एक ही है)।

उनके समसामयिक दूसरे कलाकार पण्डित रवि शंकर थे। अद्भुत प्रतिभा के धनी, उन्होंने ही संगीत तथा सजीव कलात्मक मिज़ाज के क्षेत्र में सीमाओं से निकलकर नये-नये प्रयोग किए। उनका जन्म बनारस में हुआ था लेकिन जल्दी ही जब उनके भाई नर्तक उदय शंकर की मण्डली यूरोप गई तो वह भी उनके साथ चले गए। हालाँकि रवि शंकर की माँ मृत्युपर्यन्त बनारस में ही रहीं लेकिन वह अपने भाई के साथ गाने, नाचने और अन्य प्रस्तुतियों के लिये चले गए। चूँकि उनके भाई विदेश में बहुत दिन तक रहे, इसलिए इनका संपर्क बीटल्स और पश्चिमी देशों के प्रसिद्ध कलाकारों जैसे यहूदी मैनुहिन आदि से हुआ जिससे उन्हें भारतीय शास्त्रीय संगीत को अन्तर्राष्ट्रीय स्तर पर आगे बढ़ाने और लोकप्रिय करने का अवसर मिला। आज भी उनकी पुत्री अनुष्का शंकर युवा कलाकार के तौर पर भारतीय शास्त्रीय, पाश्चात्य और फ्यूज़न संगीत की दुनिया में पूरे आत्मविश्वास के साथ पैर जमाए हुए है।

बिस्मिल्लाह ख़ान और रवि शंकर- दोनों समसामयिक और मूलतः बनारस के, बरखिलाफ़ ख़ान साहब के, जो मृत्युपर्यन्त बनारस में रहे, रवि शंकर छोटी उम्र में ही बनारस से बाहर चले गए।

बनारस और हुनर के अलावा रवि शंकर और बिस्मिल्लाह में शायद ही कोई समानता रही हो, लेकिन

जब भी मिलते थे तो दोनों आदर और स्नेह पूर्वक एक-दूसरे का अभिवादन करते थे। बिस्मिल्लाह अक्सर रवि शंकर को उनके खर्चीले रहन-सहन और उनकी महिला मित्रों के लिए छेड़ देते थे। बिस्मिल्लाह की भी महिला मित्र थीं। दालमंडी की ज्यादातर गायिकाएं बड़ी मोती, छोटी मोती, सिद्धेश्वरी देवी, नैना देवी और बेगम अख़्तर सभी उनकी मित्र थीं। नय्यर हुसैन के मुताबिक 'बड़ा याराना था'। इतने बड़े परिवार की ज़िम्मेदारियों, उससे लगाव और बिस्मिल्लाह के ख़ुद के मिज़ाज को देखते हुए इसे दोस्ताना ही कहा जा सकता है। बिस्मिल्लाह और बेगम अख़्तर की दोस्ती तो लगभग उनकी किशोरावस्था में ही हो गई थी। वह जब तकरीबन चौदह साल के थे तभी कलकत्ता के एक कार्यक्रम में दोनों ने प्रस्तुति दी थी। हालाँकि उस मुलाक़ात का कोई ख़ास असर नहीं पड़ा था, लेकिन बाद में बिस्मिल्लाह उनके प्रशंसक हो गए थे और अक्सर उनकी आवाज़ की ख़ूबियों और गज़लों में महारत का ज़िक्र करते थे। कहा जाता है कि गर्मी की एक रात बिस्मिल्लाह को नींद नहीं आई, वह जागते रहे- गली में कहीं से एक गाना उन तक पहुंच रहा था- 'दीवाना बनाना है तो दीवाना बना दे'। हालाँकि तब तक वह नहीं जानते थे कि गायिका कौन है लेकिन वह गाने की शैली और गुणवत्ता पर मुग्ध थे। तलफ़्फ़ुज़ और अन्दाज़ दोनों ही दुरुस्त थे। 'दीवाना बनाना है' ही वह गाना है जिसने बेगम अख़्तर को शोहरत की बुलंदियों तक पहुंचा दिया था। जब बेगम अख़्तर के कई रिकॉर्ड कलकत्ता में रिलीज़ होने के बावजूद उन्हें कामयाबी और शोहरत नसीब नहीं हुई तब एक पीर ने यह गाना उनके लिए चुना था। यह एक और घटना हो गई जिससे बिस्मिल्लाह के इस मत को कि 'अल्लाह इल्म दे तो मुकद्दर भी दे' सही सिद्ध करती थी। ख़ासतौर पर बिस्मिल्लाह को बेगम अख़्तर की आवाज़ का वह ख़ास गुण पसंद था जब वह ऊँचे सुर में जाने के बाद अचानक थम जाती थी। एक बार उन्होंने कहा – 'उनकी आवाज़ में एक 'ची' सी होती है'। हालाँकि बिस्मिल्लाह के अनुसार यह संगीत का 'ऐब' है, लेकिन यही बेगम की आवाज़ का विशिष्ट गुण बन जाता था। लेखिका के साथ साक्षात्कार करते हुए एक बार बिस्मिल्लाह ने बताया कि 'उनको सुनते हुए मैं उस पल का इंतज़ार करता जब वह उस जगह पर पहुंचती और तब मैं यह कह उठता "अहा"। उन्हें ताज्जुब होता तो मैं कहता "यही सुनने तो आये थे"।'

बिस्मिल्लाह ख़ान प्रस्तुति देते हुए। उनके शहनाई बजाने की श्रोताओं द्वारा प्रशंसा का वह लुत्फ़ लेते थे। वह श्रोताओं के साथ सहज सम्बन्ध बना लेते थे।

बेगम अख़्तर अक्सर बनारस आती थीं और बिस्मिल्लाह से मुलाकातें होती रहती थीं और इस तरह दोनों में दोस्ती हो गई थी। वह एक दूसरे की इज़्ज़त करते थे और किसी प्रकार के अहं के टकराव या कटु प्रतिद्वंद्विता से परे इस रिश्ते का आनंद भी लेते थे। बेगम अख़्तर अक्सर विदेश जाया करती थीं। बिस्मिल्लाह एक घटना की याद करते हुए कहते थे कि एक बार रूस में बहुत से कलाकारों को प्रस्तुति देनी थी लेकिन 'उन्होंनें इतना अच्छा गाया कि रूसी लोग इनका गाना सुन कर बहुत ख़ुश हुए'। बेगम के हजारों प्रशंसकों की तरह बिस्मिल्लाह भी मानते थे कि ग़ज़ल की दुनिया में बेगम की परम्परा का कोई वारिस नहीं है।

एक बार कलकत्ता में एक अनौपचारिक रियाज़ के वक़्त बेगम गा रहीं थीं – 'पिया ना जाये प्राण जाये ......' बिस्मिल्लाह भी गाने लगे लेकिन शरारतन उन्होंने गाने के बोल इस तरह उलट दिए कि उसके मायने ही बदल गए 'पिया जाय, प्राण न जाए'।

'ख़ान साहब- क्या गा रहे हैं?' बेगम अख़्तर अचकचा कर बोलीं।

ख़ान साहब बच्चों की तरह ख़ुश होकर मुस्कुरा दिए। बिस्मिल्लाह ने लेखिका को बताया कि दिल्ली में कुछ ही लोग थे जिनके साथ वह बेफ़िक्री से हंसी-मज़ाक कर सकते थे और जिनके साथ वह अपने आप में होते थे- और बेगम अख़्तर उनमें से एक थीं। तारीफ़ भरे स्वर में वह कहते – 'कलकत्ता' में उनका रंग था। उन्हें लगता था कि नैना देवी उनकी दोस्त हैं, क्योंकि वह रसूलन बाई की शागिर्द थीं, इसलिए उन्हें बनारस से बहुत जुड़ाव था। दालमंडी में घूमने की याद करते हुए वह कहते हैं कि नैना देवी उन्हें बचपन से बहुत पसंद थी। उन्होंने उनके साथ

बनारस में 1974 में महेंद्र शाह के घर की बारादरी में मुंडन समारोह पर आयोजित महफ़िल में ख़ान साहब की दोस्त और समकालीन कलाकार बेगम अख़्तर गाती हुई। महेंद्र शाह एक पुराने बनारसी रईस परिवार से संबंधित हैं।

प्रस्तुति भी दी थी। उन्हें जब कभी वक़्त और मौक़ा मिलता तो वह उनके घर जाते थे और उनके साथ कुछ वक़्त बिताते थे।

उनके समय के कुछ बचे लोगों में एक मन्नू मास्टर हैं। वह भी डुमराँव से ही हैं लेकिन वह बहुत बाद में बनारस आये थे। एक साक्षात्कार में मन्नू मास्टर ने बताया कि बिस्मिल्लाह दशहरा और चैत नवमी के अवसर पर नियमित रूप से डुमराँव के दरबार जाते थे। मन्नू मास्टर किशोर ही थे जब अपने परिवार के साथ बनारस आ गए थे। मन्नू मास्टर ने अपना ख़ानदानी पेशा ज़ारी रखते हुए बिस्मिल्लाह के घर के पास ही बेनिया बाग में एक छोटी सी दर्ज़ी की दुकान खोल ली थी। पचहत्तर साल से ऊपर होने के बाद भी वही बिस्मिल्लाह के पहनने के कपड़े तैयार करते थे – वह शाही अचकन, उस्ताद के सिर पर ढंग से रखी वह शानदार टोपी। ऐसा विश्वास किया जाता है कि टोपी पहनने की परंपरा की शुरुआत काफ़ी पहले हो गई होगी। जब वादकगण मंदिरों में बजाते थे तब देवताओं तथा पवित्र स्थल की श्रद्धा में सिर ढंक कर रखा जाता था। संभवतः यह रिवाज़ राजसी दरबारों में भी चलता होगा, क्योंकि वहाँ इज़्ज़त देना तो लाज़मी होता था। बिस्मिल्लाह हमेशा अचकन पहनते थे और उन संगीतकारों का मज़ाक बनाते थे जिन्होंने पूरी तरह से पाश्चात्य पहनावा अपना लिया था। नय्यर हुसैन एक संगीत समारोह का किस्सा बताते हैं जहाँ बिस्मिल्लाह और रवि शंकर दोनों को प्रस्तुति देनी थी। रवि शंकर बनारस से बाहर चले गए थे, पूरा यूरोप घूम चुके थे और पश्चिमी फैशन का सूट पहनने के आदी हो गए थे। रवि शंकर को इस हुलिया में देखकर बिस्मिल्लाह जोर से बोले – 'अमाँ रवि भाई, ये क्या पहने हो? अंग्रेज़ हो गए क्या? रवि शंकर तुरंत पीछे गए और पारंपरिक धोती-कुर्ता पहन कर आ गए। उनको देखते ही बिस्मिल्लाह उनके पास गए और उन्हें आलिंगन में भर लिया।

बिस्मिल्लाह विदेश जाने पर भी अचकन टोपी के अलावा कुछ नहीं पहनते थे। वास्तव में उनके इस सजीले पहनावे के लिए बहुत तारीफ़ें मिलती थीं। एकबार उन्होंने मन्नू भाई को हँसी में डाँट लगाई कि उन्होंने उनको बहुत फ़ैशनेबल बना दिया है।

'तुमने मेरा बड़ा नुकसान कर दिया है अब मुझे अपने ही जैसा एक नया जोड़ा अपने एक प्रशंसक के लिए लन्दन भेजना पड़ेगा'।

एक बार बिस्मिल्लाह अपने दल के साथ विदेश जाने के लिए दिल्ली जा रहे थे। शहनाई उस्ताद के लिए कपड़ों के नए जोड़े का ऑर्डर दिया गया, जो समय पर तैयार भी हो गया। बस बिस्मिल्लाह को देने के पहले मन्नू मास्टर ने कपड़े इस्तरी करने के लिए भेज दिये जहाँ किसी की लापरवाही से शेरवानी पर एक अंगारे का टुकड़ा गिर गया और उसमें छेद हो गया। मन्नू मास्टर डर गए। नया कपड़ा लेकर

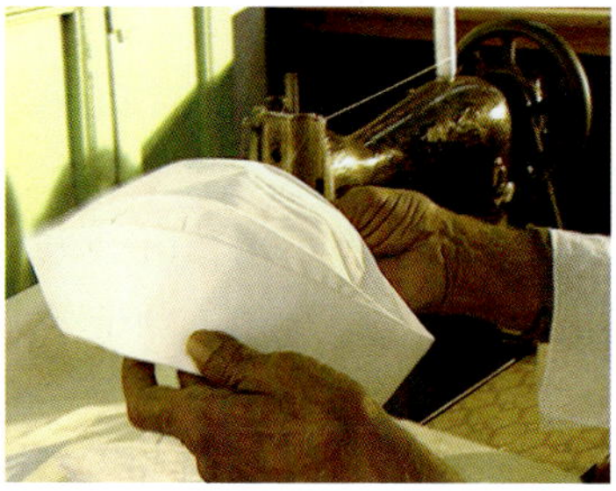

बेनिया बाग में अपनी दुकान में मन्नू मास्टर

ऊपर: बिस्मिल्लाह ख़ान साहब की एक टोपी के साथ उनके बचपन के दोस्त मन्नू मास्टर, जिन्होंने उनकी ज़्यादातर पोशाकें बनाईं।

जला हुआ हिस्सा फ़िर से तैयार किया लेकिन इस सब में काफ़ी समय लगने से देर हो गई। उन लोगों को उसी शाम निकलना था। मन्नू मास्टर जानते थे कि संगीत समारोह में पहने जाने वाले कपड़ों के लिए बिस्मिल्लाह उन्हीं पर भरोसा कर रहे हैं और ना मिलने पर बहुत नाराज़ होंगे। पूरा दल स्टेशन पर 'अपर इण्डिया' पकड़ने के लिए पहुंच चुका था और गाड़ी कुछ ही मिनटों में छूटने वाली थी। बिस्मिल्लाह के बड़े बेटे मेहताब के ऊपर असबाब की ज़िम्मेदारी थी, वह बड़ी बेसब्री से मन्नू मास्टर का इंतज़ार कर रहे थे। गाड़ी चल पड़ी और स्टेशन के बाहर निकलने वाली थी तभी मन्नू मास्टर ने भागते-भागते शेरवानी उन्हें पकड़ा दी।

मास्टर बताते हैं कि बिस्मिल्लाह हर काम को सही ढंग से करते थे और दूसरों से भी यही अपेक्षा रखते थे। मैंने उनके हिसाब से काम करना सीख लिया था। उनकी एक आदत थी कि सिलने वाले हर कपड़े के हिसाब से तफ़सील में बिल होना चाहिए। उसके बिना वह सिलाई नहीं देते थे। जब पूरा हिसाब लिखत-पढ़त में मिल जाता था तो तुरंत पैसा दे देते थे। आपस की इसी समझदारी की वज़ह से उनकी दोस्ती लगभग अस्सी साल चली।

बिल की यह गहराई से पड़ताल सिर्फ़ मन्नू मास्टर की ही नहीं होती थी। उनके सबसे छोटे बेटे काज़िम घर का खर्च देखते थे तो जब भी वह अपने वालिद से किसी चीज़ के लिए पैसे माँगते तो वह पहले पूरा-पूरा पिछला हिसाब माँगते। एक बार जब उन्हें बिल दिया गया तो चौंक कर बोले 'क्या ! दाल अड़तीस रुपया किलो? हो ही नहीं सकता। काज़िम ने भड़क कर कहा 'अब्बा जाइए आप खुद बनिये से पूछ लीजिए'। बिस्मिल्लाह जल्दी से बनिया की दुकान, जहाँ से घर का सामान आता था, कुछ अकड़ते हुए पहुँचे। बिस्मिल्लाह के इन ऊँचें दामों के बारे में पूछने पर उसने कहा कि अब यही दाम हैं। वह बोले 'लेकिन मैं तो एक अधेला की पाव भर दाल ले जाता था, एक रुपया में पाँच किलो दाल ले जाता था'। बनिया बिना घबराए बोला कि उस समय बिस्मिल्लाह एक प्रस्तुति के लिए इक्कीस रुपया लेते थे क्या वह नहीं बदल गया है? जवाब सुनकर कुछ खिसियाहट के साथ बिस्मिल्लाह ने बिल का भुगतान कर किया।

इस तरह छोटे-छोटे हिसाबों के लिए झंझट करने की क्षतिपूर्ति दूसरे मौकों पर बिस्मिल्लाह की उदारता से हो जाती थी। मुहर्रम के मौके पर वह मन्नू मास्टर से दर्जनों जोड़े कपड़े मोहल्ले के लोगों के लिए सिलवाते थे। ईद के मौक़े पर ख़ास तौर से विधवाओं और बेसहारा लोगों के लिए तकरीबन नए कपड़ों के सौ जोड़े बनवाते थे। जब कोई उनसे इस बारे में पूछता तो बिस्मिल्लाह इतना ही कहते 'हमने पैसा नहीं, आदमी कमाया है'। (मैंने लोगों का दिल जीता है, पैसा नहीं)

अपनी बैठक या रहने के कमरे में धूम्रपान का लुत्फ़ उठाते हुए बिस्मिल्लाह ख़ान। उनके पीछे तमाम प्रशस्ति-पत्रों से सजी दीवार।

मन्नू मास्टर बताते हैं कि कई बार ऐसा होता था कि बिस्मिल्लाह दस या बीस हज़ार की बड़ी रक़म भी ज़रूरतमंदों को दे देते थे। बिस्मिल्लाह के ख़ास लोगों में एक शख़्स के ज़िम्मे यही काम था कि वह आस-पड़ोस के ग़रीब, ज़रूरतमंदों का पता लगाए। जब कभी उनके बच्चे इस पर एतराज़ करते, वह उन्हें डपट देते –'तुमें नहीं मालूम किस-किस का नसीब हमें मिलता है'।

बिस्मिल्लाह को ख़रीददारी करना भी बहुत अच्छा लगता था। ईद के पहले वह रिक्शा बुलाते और नए कपड़े तथा दूसरा सामान लेने निकल पड़ते। पूरे जीवन उनके पास कार नहीं रही। एक तो उन्हें यह बेकार का दिखावा लगता था, दूसरे बेनिया बाग की पतली गली में गाड़ी आने जाने में दिक्क़त का भी ख़्याल था। जैसे ही वह दाल मंडी की दुकान पर पहुंचते, सामान छांटना शुरू करते और जैसा उन्हें एक जगह, एक दुकान से एक आदमी से सामान लेना पसंद था, वह सारा सामान बलदेव की दुकान से ही लेते। थोड़ी हील-हुज्जत के बाद अक्सर बिस्मिल्लाह पंद्रह हज़ार की ख़रीददारी करते और फिर वह सामान मन्नू मास्टर के पास पहुंच जाता। लौटते समय वह पान की दूकान पर और मिठाई वाले के यहाँ अपना पसंदीदा मगदल लेने के लिए रुकते। बहरहाल बनारस के बिस्मिल्लाह का एक और संतोष भरा दिन बीत जाता।

मौसूकी, सुर, नमाज़ ... यह एक ही बात हैं।

हम अल्लाह के नज़दीक मुख़्तलिफ़ रास्तों से पहुंचते हैं। एक संगीतकार बहुत खूबसूरती से बजा सकता हैं। लेकिन जब तक मौसूकी में दीन की मिलावट नहीं होगी, जब तक ईश्वर से मिलने की तड़प नहीं होगी, कला तो मिल जाएगी, लेकिन 'अस्सार' नहीं मिलेगा।

—उस्ताद बिस्मिल्लाह ख़ान।

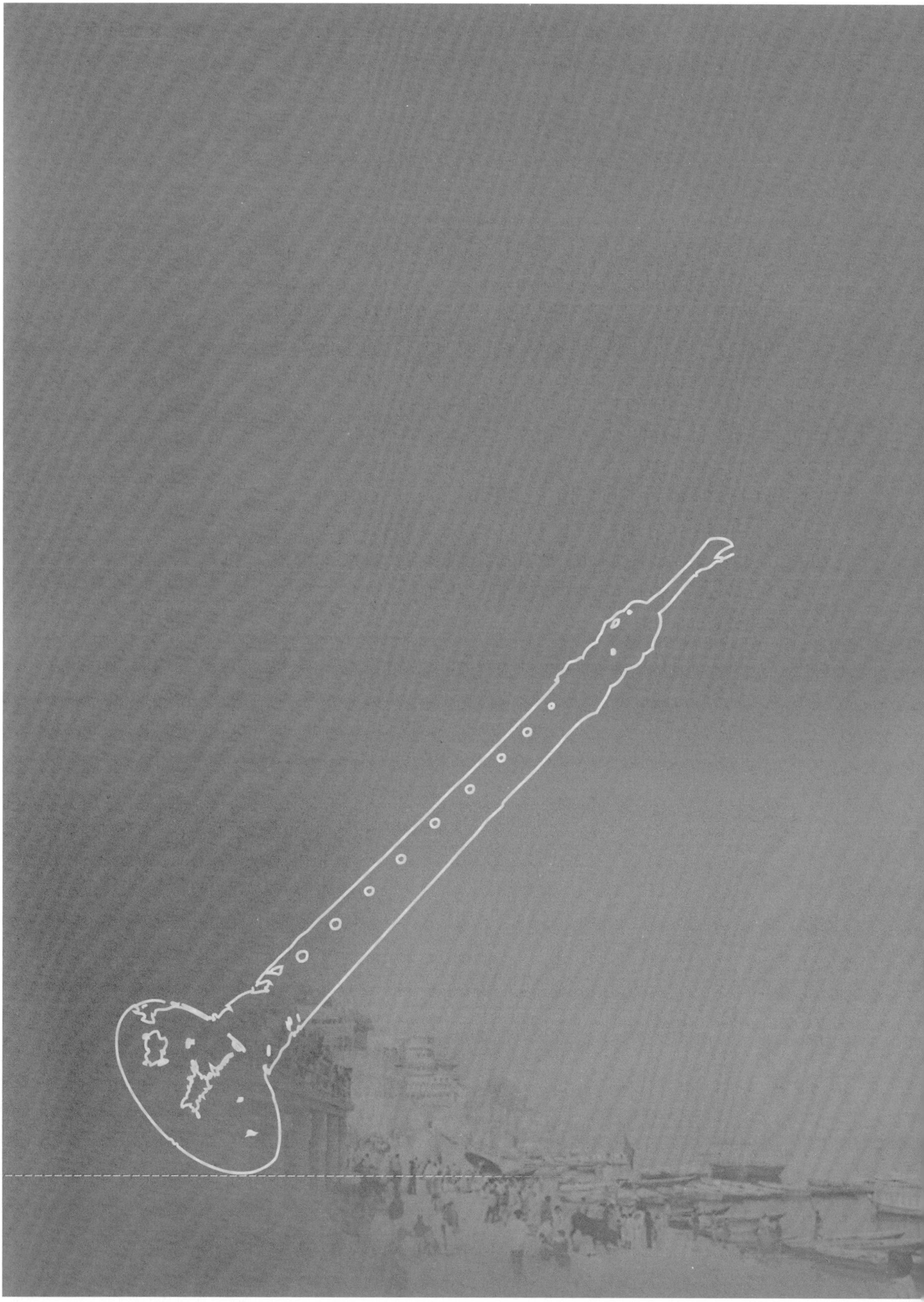

बनारस का बिस्मिल्लाह

भारत -1947 स्वतंत्रता की पूर्व संध्या; भारत के भावी प्रथम प्रधानमंत्री पंडित जवाहर लाल नेहरू की उत्कट इच्छा थी कि देश के इतिहास के इस प्रथम प्रभात का शुभारम्भ बिस्मिल्लाह ख़ान की शहनाई से ही हो। उनके भाषण से पहले शहनाई की मंगल ध्वनि से राष्ट्र का अभिनन्दन होना चाहिए। भारत के प्रथम स्वतंत्रता दिवस समारोह की व्यवस्था के इंचार्ज संयुक्त सचिव श्री बदरुद्दीन तैयबजी, आईसीएस थे। उन्हें बिस्मिल्लाह ख़ान को ढूंढ़ने की ज़िम्मेदारी दी गई कि वह 15 अगस्त को लाल किले पर झंडा फहराने तक उन्हें दिल्ली लेकर आएं। उन दिनों संचार व्यवस्था आज की जैसी नहीं थी। बदरुद्दीन तैयबजी की बेटी लैला तैयबजी बताती थीं कि बिस्मिल्लाह ख़ान उस समय मुम्बई में थे। उनसे संपर्क के बाद उन्हें हवाई जहाज से दिल्ली ले जाया गया और सरकारी मेहमान के तौर पर सुजान सिंह पार्क में ठहराया गया। बिस्मिल्लाह भावुक भी हो रहे थे और उत्साहित भी। लेकिन उन्होंने पंडितजी से कहा कि वह लाल किले तक चल कर नहीं जा पाएंगे और उसी समय शहनाई नहीं बजा पाएंगे। पंडित जी ने कहा कि उन्हें किसी सामान्य कलाकार की तरह बजाने के लिए चलकर नहीं जाना है। 'आप सबसे आगे चल कर हम सब की अगुवाई करेंगे, हम सब आप के पीछे चलेंगे। हम यह चाहते हैं कि इस ख़ुशी के ऐतिहासिक पल में शहनाई हमारी अगुवाई करे। लाल किले में शहनाई वादकों के लिए एक ऊँचा मंच बनाया गया था, जिस पर बैठकर बिस्मिल्लाह ख़ान और उनकी पार्टी ने राग काफी से नूतन स्वतंत्र भारत और भारतवासियों का स्वागत किया।' थोड़ी देर बाद पंडित नेहरू ने अपना यादगार भाषण 'ट्रिस्ट विद डेस्टिनी' (नियति से मिलन) दिया। उस रात से यह परम्परा बन गई जिस का पालन आज भी किया जाता है। स्वतंत्रता दिवस के उत्सव का आरम्भ आज भी (यद्यपि रिकॉर्ड की हुई) बिस्मिल्लाह ख़ान की शहनाई

भारत की स्वतंत्रता की पचासवीं वर्षगांठ पर दिल्ली के लाल किले पर शहनाई बजाते बिस्मिल्लाह ख़ान और साथी।

से ही होता है। स्वतंत्रता की पचासवीं वर्षगांठ पर बिस्मिल्लाह ख़ान एवं पार्टी ने एक बार फिर दिल्ली के लाल किले के परकोटे से प्रस्तुति दी। भारत के राष्ट्रपति डॉ. के.आर. नारायणन ने शहनाई सम्राट का स्वागत किया, क्योंकि एक और रोमांचकारी प्रस्तुति किंवदन्ती और लोकश्रुति का हिस्सा बन गई थी।

तीस साल की उम्र के होने तक बिस्मिल्लाह का नाम घर-घर में जाना जाने लगा। वह ऑल इंडिया रेडियो पर नियमित रूप से बजाते थे और उत्तर से दक्षिण तक पूरब से पश्चिम तक पूरे देश में उनकी धुनें सुनी जा सकती थीं।

बीसवीं सदी के पांचवें दशक में बम्बई (मुंबई) में फ़िल्मकार विजय भट्ट के पास एक कहानी थी, जो एक नौजवान और शहनाई के इर्द-गिर्द बुनी गई थी। उन्होंने इसके सिलसिले में संगीतकार वसंत देसाई से मशविरा किया और दोनों ने तय किया कि फ़िल्म में शहनाई बजाने के लिए उनको सर्वश्रेष्ठ कलाकार बिस्मिल्लाह ख़ान ही चाहिए।

बिस्मिल्लाह को सिनेमा का शौक भी था। उनके बचपन की यादें उस अंधेरे सिनेमा हॉल से भरी पड़ी थीं, क्योंकि 'सिनेमा' उनके लिए कई वर्जनाएं प्रस्तुत करता था। रियाज़ के घंटों के लिए बहुत सख़्त हिदायत थी, और फिर टिकट के लिए पैसे का भी सवाल था। लेकिन वक़्त का ख़ास ख़्याल रखते हुए वह दिन में

अपना रियाज़ तो पूरा कर लेते थे, फिर थोड़ी ख़ुशामद करने पर कोई ना कोई मामू एक आना या दो आना टिकट के लिए दे देते थे। लेकिन मनोरंजन के लिए सिनेमा देखना दूसरी बात है और फ़िल्म में संगीत देना उससे बिल्कुल अलग बात है। यह सिनेमा उद्योग के स्थायित्व का ही प्रतिफल था कि बिस्मिल्लाह बम्बई जाने को राज़ी हो गए। कुछ उत्सुकता रही होगी और कुछ मोटे मेहनताना की भी संभावना रही होगी – जो भी हो, एक दिन बिस्मिल्लाह ख़ान अपने दल के साथ बम्बई आ गए।

पचास के दशक की शुरुआत में कुछ सफल फ़िल्में बनी थीं, जैसे *बैजू बावरा* (विजय भट्ट द्वारा प्रस्तुत), जिनकी कहानी शास्त्रीय संगीत और उसके प्रतिष्ठित कलाकारों पर आधारित थीं।

गूँज उठी शहनाई उसी ढंग की फ़िल्म थी जिसका नायक शहनाई वादक था। फ़िल्म की कहानी सीधी-सादी थी – एक अनाथ लड़का, जिसका कोई ध्यान रखने वाला नहीं था और समाज में न उसकी कोई पहचान थी न कोई जगह, लेकिन जब वह शहनाई में महारत हासिल कर लेता है तो उसे शोहरत, दौलत, नसीब और अपनी पहचान मिलती है। बचपन में ही उस लड़के को गुरु की शागिर्दगी मिल जाती है (जो उसी लड़की के पिता हैं जिससे वह बाद में मोहब्बत करता है) और वह उसे शास्त्रीय संगीत का प्रशिक्षण देते हैं। गुरु-शिष्य परम्परा के अनुसार वह उसी घर में रह कर प्रशिक्षण प्राप्त करता है और गुरु के प्रति पूर्ण समर्पित रहता है। बड़ा होकर वह लड़का बहुत कुशल शहनाई वादक बनता है और नाम, शोहरत और दौलत कमाता है। वह लड़का जिसे गाँव वाले तुच्छ समझ कर तिरस्कार करते थे वही अब मशहूर था और उसे दौलत और समाज में इज़्ज़त दोनों मिली थीं।

क्या बिस्मिल्लाह ख़ान को फ़िल्म में अपनी ज़िन्दगी की छवि दिखाई दे रही थी? क्या उन्हें अपनी और शहनाई की प्रतिष्ठा के लिए संघर्ष नहीं करना पड़ा था? शहनाई वह साज़ था – जिसे घरों से बाहर रखा जाता था और महलों और हवेलियों से बाहर दरवाज़े पर बजाने की मज़बूरी होती थी। निश्चय ही यह शहनाई ही थी जिसने उन्हें और उनके हुनर को संगीत समारोहों में हिस्सा लेने की ऊंचाई प्रदान की थी, साथ ही उन्हें कलाकार और एक इन्सान के रूप में सफलता दिलाई थी।

'*गूँज उठी शहनाई*' में संगीत देने वाले बिस्मिल्लाह ख़ान अकेले मशहूर कलाकार नहीं थे। उस्ताद आमिर ख़ान (जिन्होंने भट्ट की फ़िल्म *बैजू बावरा* में तानसेन के गाने गाये थे) ने फ़िल्म में उस उस्ताद के लिए गाया था जो उस लड़के को संगीत सिखाते थे। उनके अलावा मशहूर सितारवादक उस्ताद हलिम ज़ाफ़र ख़ान ने उस कलाकार के लिए बजाया था जो नायक के साथ जुगलबन्दी करता है।

इनके अलावा गायिका पर फ़िल्माए गए गीत लता मंगेशकर ने गाए थे। शहनाई के साज़ के साथ गाए नायिका के गाने फ़िल्म का मुख्य आकर्षण हैं, क्योंकि इंसानी आवाज़ के साथ तेज़ सुर में बजने वाली शहनाई की ताल मिलाना कोई आसान काम नहीं था। राग मारू विहाग में गाए गये *'तेरे सुर और मेरे गीत'* के मधुर सुर बिस्मिल्लाह के हुनर का प्रमाण हैं, क्योंकि उनका संगीत बिना लता मंगेशकर की आवाज़ दबाए उनके साथ ताल मिला रहा था। कितने ही भाव जो उस्ताद ने फ़िल्म में प्रदर्शित किए थे, उनकी अपनी धारणाओं को प्रतिध्वनित करते थे : 'जो अपने को संगीत में खो देगा, उसे यकीनन वह मिलेगा'।

गूँज उठी शहनाई में नायक के मनोभावों को शहनाई पर बहुत सुंदर बंदिशों, जैसे बिहाग, केदार, जैजयवंती आदि के माध्यम से प्रकट किया गया है। फ़िल्म

बिस्मिल्लाह का अपने श्रोताओं से एक अच्छा सम्बन्ध बन जाता था और वह अपने किस्सों और गायन से उनका मनोरंजन करके आनन्दविभोर कर देते थे।

सुखान्त नहीं है, एक दूसरे से मोहब्बत करने के बावजूद फ़िल्म के अन्त में नायक और नायिका दोनों की मृत्यु हो जाती है।

'गूँज उठी शहनाई' फ़िल्म में शास्त्रीय धुनों के अलावा कई गाने बनारस की लोक धुनों में बनाए गए थे। ख़ास तौर पर बिस्मिल्लाह को बेहद पसंद *'कजरी'* में। फ़िल्म के बहुत लोकप्रिय गानों में एक *'दिल का खिलौना हाय टूट गया'* था। यह सीधे-सीधे *कजरी 'बरसे बदरिया सावन की'* की धुन पर था।

उससे भी ज्यादा मज़ेदार बात यह थी कि बिस्मिल्लाह उसे किस तरह सुनाते थे। अपनी जवानी के दिनों में बिस्मिल्लाह उस समय की गायिकाओं में काफ़ी लोकप्रिय थे, जैसे छोटी मोती, बड़ी मोती, बेगम अख़्तर वगैरह। लेकिन वह जिस गायिका के सबसे नज़दीक थे (नय्यर हुसैन के मुताबिक) वह थी बाला। बाला भी बिस्मिल्लाह को पसंद करती थीं और जब कभी वो मिलते थे तो अपने मन के भाव छिपाती नहीं थीं। *'बरसे बदरिया सावन की, सावन की मन भावन की, बरसे बदरिया'* यह बाला की बनाई धुन थी, जो बिस्मिल्लाह गाया करते थे और जिसका इस्तेमाल फ़िल्म में संगीतकार वसन्त देसाई ने किया। बाला अब भी जीवित है और बिहार के मुजफ़्फ़रपुर में रहती हैं।

फ़िल्म उद्योग के साथ बिस्मिल्लाह का अनुभव बहुत सुखद नहीं था, हालाँकि फ़िल्म की कहानी, उसका संगीत, सहकर्मियों और लता मंगेशकर के साथ सम्बन्ध अच्छे थे, लेकिन मुंबई का कुछ बेलिहाज़ सा माहौल, वहाँ के स्टूडियो, मशीनों पर बेजान रिकार्डिंग, यह सब बिस्मिल्लाह को बेचैन करने लगते। वह तो श्रोताओं की सीधी प्रतिक्रिया के आदी थे। लेकिन अपने पेशेवर मिज़ाज के तहत उन्होंने फ़िल्म का अपना काम पूरा किया और बनारस लौट आए। शायद फ़िल्म के साथियों को भी ताज्जुब ही हुआ लेकिन उन्हें इस बात का अंदेशा था कि बिस्मिल्लाह शास्त्रीय वादन के लिए कभी भी यहाँ से जा सकते हैं।

तकरीबन चालीस वर्ष के होने तक बिस्मिल्लाह को फ़नकार के रूप में वह हैसियत मिल चुकी थी जहाँ उन्हें कोई छू नहीं सकता था। संगीत के क्षेत्र में उनमें कमी निकालना या उन्हें कुछ सिखाना आसान नहीं था। उन्होंने अपनी बहुमुखी प्रतिभा से सबको अचम्भित कर दिया था। उनकी उपशास्त्रीय बंदिशों में रागों की प्रस्तुति को जनसामान्य में अद्भुत स्वीकृति मिली। दरअसल बिस्मिल्लाह का स्वाभाविक रुझान आसान समझे जाने वाले राग या थाटो की तरफ़ था, क्योंकि यह बात अली बक्श ने उनके मन में गहरे बैठा दी थी 'पेचीदा बंदिशें और मुश्किल राग बजा कर लोगों को प्रभावित करने की कोशिश मत करना, आसान लेकिन मधुर रागों पर ही ज़ोर दो, क्योंकि उनकी मीठी धुनों से तुम सामयीन के दिल को छू सकते हो, बजाय इसके कि तुम पेचीदा रागों की तकनीकी जादूगरी दिखाने में पड़ो'।

उस्ताद और उनकी शहनाई।

अपने गुरु की सलाह के अलावा बिस्मिल्लाह ख़ुद भी ज़मीन से जुड़े इंसान थे जो आम लोगों की नब्ज़ अच्छी तरह पहचानते थे। एक बार वह गुजरात के गाँधी नगर में एक संगीत समारोह में गए थे। खुले मैदान में एक भारी भीड़ बिस्मिल्लाह को सुनने आई थी। बिस्मिल्लाह ने राग विहाग धीमे आलाप से शुरू किया। जैसे ही प्रस्तुति आगे बढ़ी, बिस्मिल्लाह ने महसूस किया की श्रोताओं में अलग-अलग तरह के लोग हैं और उनमें कुछ उकताहट हो रही है। उन्हें समझ में आ गया कि श्रोताओं की इस भारी भीड़ में संगीत के सच्चे कद्रदान तो बहुत ही कम होंगे। एक भी क्षण बिना रुके उन्होंने राग विहाग में ही '*गूँज उठी शहनाई*' फ़िल्म का गीत 'तेरे सुर और मेरे गीत' बजाना शुरू कर दिया। श्रोताओं की प्रतिक्रिया उसी समय दिखाई देने लगी, यह स्पष्ट था कि बिस्मिल्लाह ने श्रोताओं के भाव समझ लिए थे और बिल्कुल सही ढंग से उन्होंने अपने श्रोताओं से एक सीधा सम्बन्ध बना लिया। और इसके बाद उन्होंने उन भाव-विभोर श्रोताओं को कुछ उपशास्त्रीय, अर्धशास्त्रीय बंदिशों से मुग्ध कर दिया और इसके बाद उन्होंने उन सबको तकरीबन दो घंटे तक अपने सम्मोहन में बाँधे रखा। यह जो

उनका श्रोताओं के साथ इतनी सहजता से व्यक्तिगत सा सम्बन्ध बन जाता था, यही बिस्मिल्लाह का सबसे बड़ा इनाम था। वह अपने श्रोताओं को अपनी सहज मुस्कान से कभी एक किस्सा या गाने का टुकड़ा सुना कर मोहित कर लेते थे।

'गूँज उठी शहनाई' के लगभग बीस साल बाद बिस्मिल्लाह कन्नड़ फ़िल्म *'सनादि अप्पन्ना'* में बजाने के लिए राज़ी हुए थे। निर्देशक विजय रेड्डी यह तय करके बनारस गए थे कि वह तब तक वहाँ से नहीं हटेंगे जब तक बिस्मिल्लाह हाँ न कह देंगे। वहाँ एक दृढ़-निश्चय निर्देशक की ही ज़रुरत थी जो उस्ताद की 'ना' को हाँ में बदल दे और उन्हें इसमें सफलता मिली। बिस्मिल्लाह और उनके दस लोगों का ट्रेडमार्क दल बनारस से मद्रास (चेन्नई) के लिए चल दिया। उन्होंने फ़िल्म निर्माता से यह साफ़-साफ़ कह दिया था कि वह तय किए थोड़े वक़्त के लिए नहीं बजाएंगे, वह राग को अपनी तैयारी के हिसाब से पूरा बजाएंगे। बाद में वह अपनी ज़रूरत के हिसाब से उसमें काट-छांट कर सकते हैं।

बिस्मिल्लाह का हिंदी फ़िल्मों के संगीत से अंतिम सम्बन्ध निर्देशक आशुतोष गोवारिकर और संगीतकार ए. आर. रहमान के साथ फ़िल्म *'स्वदेश'* के लिए था। अपनी पीरियड फ़िल्म *'लगान'* (जो ऑस्कर के लिए पाँच अंतिम फिल्मों में थी) की अपार सफलता के बाद आशुतोष गोवारिकर ने आधुनिक भारत के परिदृश्य में देशप्रेम से भरी *'स्वदेश'* बनाई। नायक शाहरुख़ ख़ान जो अमेरिका के उच्च

बिस्मिल्लाह की अपने वतन ख़ास तौर से बनारस, वहाँ के चहल पहल भरे घाट, गंगा के लिए मोहब्बत उनकी शहनाई की धुनों में सुनाई देती है। 'स्वदेश' फ़िल्म के लिए बजाई धुनों में उनके देशप्रेम के उत्साह को प्रदर्शित करती है।

तकनीकी संस्थान नासा में काम करता है, भारत आया है। वह एक छोटे से गाँव में अपनी आया– माँ, जिनसे वह बहुत प्रेम करता है, साथ रहता है। यहाँ रहने के दौरान वह देखता है कि यहाँ के गाँवों और नासा के विकास और उन्नति में बड़ा अंतर है। उसे लगता है कि यहाँ रह कर वह कुछ बदलाव ला सकता है, फिर भी वह अपने काम की ज़िम्मेदारी पूरी करने के लिए ह्यूस्टन वापस चला जाता है। अमेरिका वापस पहुँच कर नायक को अपना गाँव, घर और देश बहुत उत्कटता से याद आने लगता है।

मादरे-वतन की पुकार वह महसूस कर सकता था, उसे बेबस कर रही थी और नायक की इस दर्द भरी कश्मकश को एक बहुत ही भावनात्मक गीत में बयान किया गया है 'ये जो देश है तेरा, स्वदेश है तेरा' जिसे ख़ुद ए. आर. रहमान ने गाया था। गाने के साथ बिस्मिल्लाह की शहनाई इस तरह मिल जाती है, जैसे युगल गान हो। ऐसा लग रहा था जैसे बिस्मिल्लाह की अपने मुल्क, अपने बनारस

अपने श्रोताओं से हल्के-फुल्के मिज़ाज में बात करते हुए उस्ताद।

के लिए मोहब्बत शहनाई की धुन के साथ बह रही हो। यह इस बात की भी पुष्टि करती है कि शहनाई के सुर इंसानी आवाज़ के बेहद नज़दीक हैं।

उस गाने में बिस्मिल्लाह की शहनाई वास्तव में आह्वान सा करती प्रतीत होती है - मातृभूमि की अपने दूर देश में बसे बच्चों के लिए पुकार – एक आग्रह।

जब ए.आर. रहमान ने बिस्मिल्लाह ख़ान को रिकॉर्डिंग के लिए चेन्नई बुलाया तो उनकी प्रतिक्रिया लगभग वही थी जो *'गूँज उठी शहनाई'* के समय थी। वह शास्त्रीय संगीत और संगीत समारोहों की परंपरा के बजाने वाले थे। उन्हें पूरे राग को बजाने के लिए कम से कम दो घंटा चाहिए थे। वह अपने को आधुनिक संगीत की सीमाओं में बाँध नहीं सकते थे। लेकिन ए. आर. रहमान ने आग्रह किया और बिस्मिल्लाह अपने दल के साथ चेन्नई पहुँच गए।

शायद यह समझना मुश्किल था कि रहमान इतना हठ क्यों कर रहे हैं। दोनों ही संगीतकार और कलाकार अपने-अपने क्षेत्र में प्रतिष्ठित थे, हालाँकि दोनों के बीच पचास साल का अंतर था। वह अपने ख़ास थीमपरक गाने के लिए बाँसुरी, सारंगी या वॉयलिन का इस्तेमाल कर सकते थे। लेकिन गाना पूरा होने पर उसमें बिस्मिल्लाह का वादन सुनने के बाद यह कल्पना भी नहीं की जा सकती थी उस गाने के साथ उनके अलावा कोई दूसरा साज़ न्याय कर सकता था। रहमान चिंहुक कर बोल उठे *'ख़ान साहब ये आपका हक़ है – कोई दूसरा नहीं बजा सकता'*।

बिस्मिल्लाह को फ़िल्म संगीत हमेशा पसंद रहा लेकिन तभी जब वह मधुर हो और शास्त्रीय, उपशास्त्रीय या लोकसंगीत की परम्परा में ढला हो। नय्यर हुसैन बताते हैं कि कितनी ही बार ऐसा होता था कि वह शुद्ध राग़ बजाने में इस कदर खो जाते थे कि उन्हें अपने इर्द गिर्द की दुनिया का होश ही नहीं रहता था। अचानक परिवार के लोगों को कोई बिल्कुल अलग धुन सुनाई देने लगती। मसलन जौनपुरी, सारंग, तोड़ी और इसी तरह के दूसरे राग़ बजाते बजाते अचानक फ़िल्म *उड़न खटोला* का मशहूर गाना 'दुनियाँ बड़ी बेईमान, हमारे दिल से न जाना, धोखा न खाना, दुनियाँ बड़ी बेईमान' बजाने लगते। यह लता द्वारा गाया *दादरा* था जिसकी मीठी लहराती धुन बिस्मिल्लाह को बेहद पसंद थी।

एक कहावत है कि कोई भी अपनी बीवी या अपने ख़ादिम का हीरो नहीं होता। बिस्मिल्लाह की पत्नी की टिप्पणी होती *'आज बुढ़ऊ बहुत मूड में हैं'* जब उनके बच्चे उन्हें इस 'फ़िल्मी बहकावे' के लिए छेड़ते तो बिस्मिल्लाह बिना किसी संकोच के इतना ही कह देते *'अमाँ मूड आ गया'*।

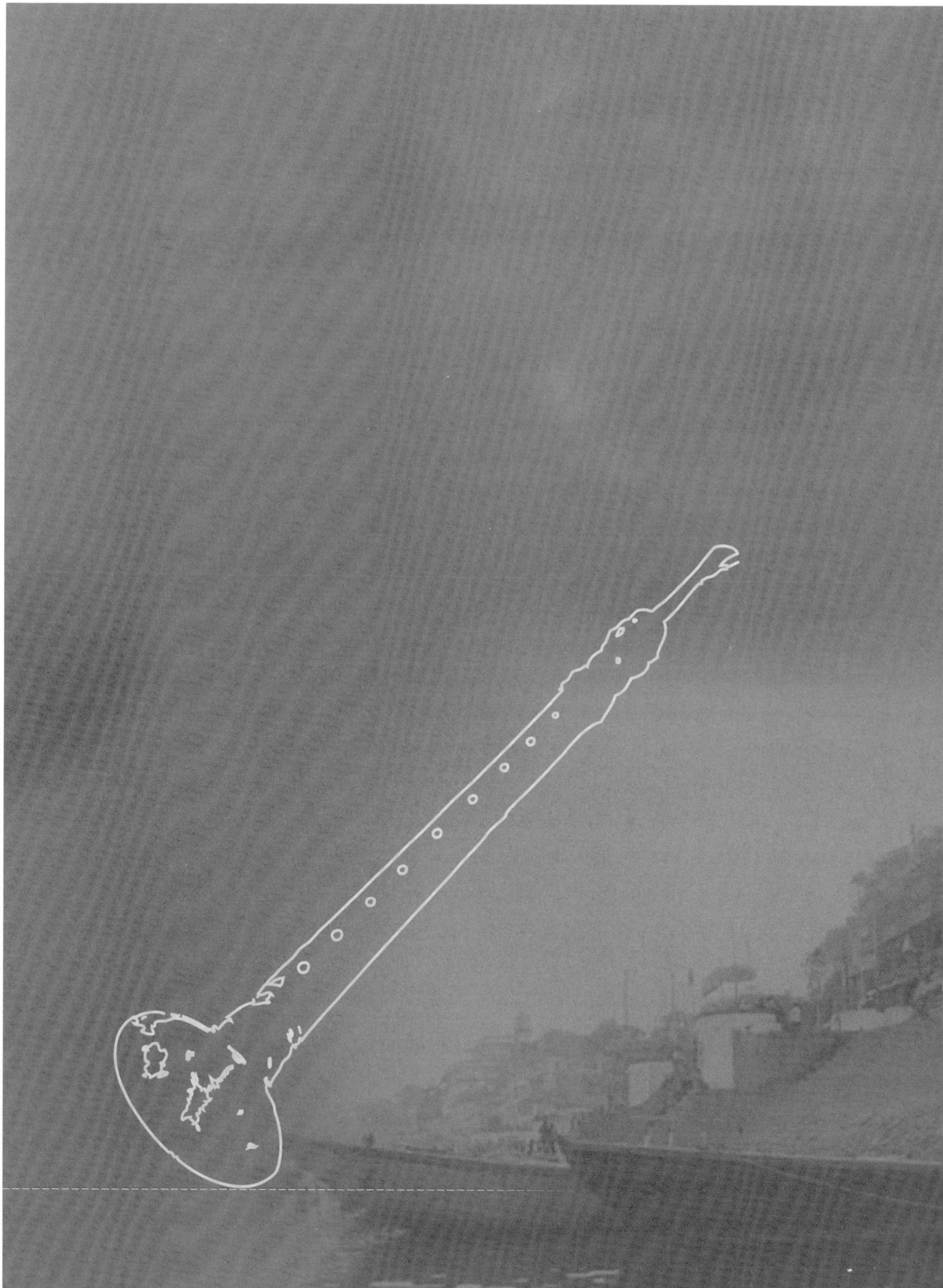

स्वतंत्रता प्राप्ति के बाद

स्वतंत्रता प्राप्ति के बाद भारत के राजनैतिक परिदृश्य में परिवर्तन के कारण कलाकारों के जीवन में भी परिवर्तन आया। जो दरबारी संरक्षण पहले राजाओं और नवाबों से मिलता था वह देश में अब सरकार अथवा सांस्कृतिक संगठनों, जैसे 'भारतीय सांस्कृतिक सम्बन्ध परिषद' (आई.सी.सी.आर.) से मिलने लगा। जैसे-जैसे भारत के दूसरे राष्ट्रों से सांस्कृतिक और कूटनीतिक सम्बन्ध बढ़ते गए, वैसे-वैसे ही बिस्मिल्लाह और साथियों के लिए विदेशों में अपनी प्रस्तुति देने के निमंत्रण बढ़ते गए। बिस्मिल्लाह की पहली विदेश यात्रा अफ़गानिस्तान की सरकार और वहाँ के राजा ज़ाएर शाह के इसरार पर 1962 में अफ़गानिस्तान के लिए हुई। किन्तु यह यात्रा आसान नहीं थी, क्योंकि बिस्मिल्लाह हवाई–यात्रा से बहुत घबराते थे। उनका कहना था कि अगर अल्लाह चाहता कि इंसान उड़े तो वह उन्हें पंख दे देता। लेकिन दोस्तों, घरवालों और शुभचिंतकों के बहुत समझाने पर वह जाने के लिए राज़ी हो गए। उनकी अफ़गानिस्तान की यात्रा बहुत सफल रही–शाह बहुत ख़ुश हुए और उन्होंने बिस्मिल्लाह को अनेक तोहफ़ों से नवाज़ा।

जब उनका हवाई-यात्रा और विदेश जाने से डर दूर हो गया तो बिस्मिल्लाह ने दुनिया के तमाम देशों की यात्रा की। उनके आठ या दस लोगों के दल के लोग, जिसमें कुछ घर के सदस्य, शागिर्द और साजिन्दे होते थे, अपना सामान पुराने ढंग के बक्सों और सूटकेसों में रखकर ले जाते थे। इन दौरों का एक नतीजा यह भी निकला कि सच्चे मुसलमान होने के नाते वह मक्का में हज भी कर लेते थे। पहली बार एडिनबर्ग जाते समय जब उनका जहाज़ मक्का के ऊपर से गुज़रा तो बिस्मिल्लाह ने कहा कि लौटते समय वह ज़ियारत के लिए यहाँ रुकना चाहेंगे। इन विदेश यात्राओं का सिलसिला अक्सर–ओ–बेशतर होने लगा और यह उनके लिए आर्थिक लाभ से भी अधिक प्रलोभन बन गया।

बिस्मिल्लाह ख़ान और साथी 2005 के 'स्पिरिट ऑफ़ बनारस कान्सर्ट' में। इस त्रिदिवसीय महोत्सव में 'बनारस घराना' के कई प्रसिद्ध कलाकारों ने हिस्सा लिया था।

बिस्मिल्लाह और उनके 'मंगलवाद्य' ने दुनिया के तमाम देशों के श्रोताओं को सम्मोहित किया। इनमें से 1967 में मोंट्रियल, कनाडा के 'वर्ल्ड एक्सपोज़ीशन' और 1970 में ओसाका, जापान के 'वर्ल्ड एक्सपोज़ीशन' कुछ नाम हैं। ईरान के तेहरान में उनके बहुत प्रशंसक हैं। वहाँ के एक प्रेक्षागृह का नाम उनके नाम पर 'तलार मोसीकी उस्ताद बिस्मिल्लाह ख़ान प्रेक्षागृह' रखा गया है।

लेखिका के साथ साक्षात्कार में बिस्मिल्लाह ने अपनी एक ख़ास यादगार-विदेश–यात्रा, पहली अमेरिका की यात्रा के बारे में बताया। यह सामान्य सांस्कृतिक आघात था। उन दिनों वैश्विक मीडिया के अभाव के कारण और बिस्मिल्लाह के श्रोताओं के उपस्थिति ने इसे और बढ़ा दिया था।

'वह इतने छोटे थे ! लड़कियाँ बारह से चौदह साल की होंगी और लड़के शायद सोलह से अठारह के। मुझे पहले तो यकायक यकीन ही नहीं हुआ। इतने छोटे-छोटे बच्चे भला संगीत को, वह भी इतना अलग, दूसरे देश का, क्या समझेंगे? ये सब रागों को कैसे समझेंगे? बहरहाल हमेशा की तरह मैंने आलाप बजाना शुरू किया। लेकिन मैं महसूस करने लगा कि मुझे वह प्रतिक्रिया नहीं मिल रही जो अपने देश में मिलती है, वह तालियाँ, वह दाद, वहाँ तो श्रोता खामोश बैठे थे। 'दाद' ही फ़नकार की दौलत होती है, यही तो उसकी रूह की

2005 में आईसीसीआर द्वारा आयोजित 'स्पिरिट ऑफ़ बनारस' महोत्सव के समापन शो के प्रदर्शन में बिस्मिल्लाह ने अपने शहनाई वादन से श्रोताओं को अभिभूत कर दिया।

गिज़ा होती है, लेकिन यहाँ तो पैंतालिस मिनट का कन्सर्ट हो गया और ख़ामोशी पसरी थी। उनके चेहरों पर ख़ुशी झलक रही थी लेकिन कोई हलचल, कोई आवाज़ नहीं थी। *'लाहौल–विला–कूवत!!* – ये मैं किस मुल्क में बजाने आ गया' मैं मन ही मन सोच रहा था। आखिर में जब कार्यक्रम पूरा हुआ, मैं चलने के लिए खड़ा हुआ। और तब तालियाँ बजना शुरू हुईं और शोर तेज़ से तेज़ होता गया – मैंने उनका अभिवादन नमस्कार और आदाब से किया – और मंच से बाहर आ गया। लेकिन वह सब मानने को तैयार ही न थे। मुझे बार-बार वापस जाना पड़ा, श्रोताओं को धन्यवाद करने, जो खड़े होकर तालियाँ बजा रहे थे, अपनी ख़ुशी ज़ाहिर कर रहे थे'।

बिस्मिल्लाह ख़ान वह जो अभी 'दाद' के लिए '*रूह की गिज़ा*' कह रहे थे, इस समय तक एक प्याली चाय जैसी दुनियावी चीज़ के लिए सोच रहे थे। वह कांसर्ट में थक गए थे, ख़ास तौर से उस तनाव की वज़ह से कि पता नहीं यहाँ के श्रोता क्या सुनना चाहेंगे। वह आराम करना चाह रहे थे, लेकिन हर बार उन्हें शुक्रिया अदा करके जब वह चलने लगते थे तो तालियों की गड़गड़ाहट बढ़ जाती और श्रोता उन्हें बार-बार वापस बुलाते।

उन श्रोताओं में एक बुजुर्ग भी थे। जब बिस्मिल्लाह थोड़ा आराम करके थोड़ा स्वस्थचित्त हुए तब वह उनके पास आकर बोले- 'ख़ान साहब! आपने देखा कि

यहाँ के लोग आपसे किस कदर मोहब्बत करते हैं। आप यहीं अमेरिका में क्यों नहीं रह जाते?'

यह बिस्मिल्लाह का पसंदीदा किस्सा था जिसे बयाँ करते वक़्त उनकी आँखों में एक चमक आ जाती थी :

'मैंने उनसे कहा कि यहाँ मैं अकेले थोड़े ही आया हूँ, मेरे साथ दस और लोग भी आए हैं'।

"कोई बात नहीं' वह धनाढ्य दिखने वाला प्रशंसक बोला 'उन सबका स्वागत है"।

"मगर उनके परिवारों का क्या होगा- हर शख़्स अपने साथ दस और लोग लाएगा"? मैंने पूछा।

वह व्यक्ति दृढ़ता से बोला –"उन सबका स्वागत है – कितने होंगे – सौ – दो सौ – या पाँच सौ? आप बताइए, आपको क्या चाहिए? एक घर, कार, नौकर – चाकर, डॉलर – आप बोलिए तो!"

दिल से बनारसी बिस्मिल्लाह ख़ान को यहाँ के घाटों में आना और अल – सुबह गंगा में डुबकी लगाना बेहद पसंद था।

"तब ठीक है" मैंने कहा 'लेकिन मेरी एक और भी शर्त है'।

अब इतनी देर में बिस्मिल्लाह के साथ के लोग सशंकित हो रहे थे कि बिस्मिल्लाह ख़ुद अपने लिए और उन सबके लिए क्या कर रहे हैं? उनके सेक्रेटरी

सैयद हाशिम परेशान थे, उन्होंने उनके पास आकर पूछा 'आप यह क्या कर रहें हैं'? लेकिन बिस्मिल्लाह ने मुस्कुरा कर उन्हें चुप रहने को कहा।

"ख़ान साहब क्या बात है" प्रशंसक ने पूछा "आप जो कहेंगे पूरा किया जाएगा"।

"बहुत अच्छा" मैंने जवाब दिया – 'देखिए जब मैं दुनिया में कहीं भी जाता हूँ – मुझे सिर्फ़ हिन्दुस्तान दिखाई देता है; और जब हिन्दुस्तान में कहीं जाता हूँ – बम्बई, कलकत्ता, मद्रास कहीं भी, तो सिर्फ़ मुझे बनारस दिखाई देता है। इसलिए आप यहाँ मेरी गंगा, मेरा शिवालय, मेरी मस्ज़िद ला दीजिए, और मैं यहीं अमेरिका में बस जाऊंगा'।

"नहीं, नहीं" वह आदमी चिल्ला पड़ा।

"तो मुझे अफ़सोस है कि मेरी तरफ़ से 'न' ही होगी- माफ़ कीजिए, बनारस तो बनारस है! आप जब भी मुझे बुलाएंगे मैं आ जाऊंगा, लेकिन यहाँ बस जाना नामुमकिन है, सारे के सारे डॉलर दे दें तब भी नहीं, आप मुझे पूरा अमेरिका देने को कहें तब भी मैं यहाँ नहीं रह सकता" ।

इस कथा में आने वाले कितने ही शहरों के नाम बिस्मिल्लाह के जीवनकाल में ही बदल गए – बम्बई मुंबई बन गया, कलकत्ता कोलकाता बन गया, मद्रास चेन्नई बन गया, यहाँ तक कि हिन्दुस्तान इण्डिया बन गया लेकिन बनारस बनारस ही रहा उसी तरह जैसे बिस्मिल्लाह की इस नगरी के लिए मोहब्बत उनकी आखिरी सांस तक वैसी ही बनी रही।

बिस्मिल्लाह अक्सर आम बनारसी की ज़िन्दगी का कुछ इस तरह बयाँ करते थे 'सुबह उठना, घाट पर जाना, गंगा जी में नहाना और एक महीन धोती कुर्ता पहन लेना- इसके बाद ताज़ा बना बनारसी पान खाना – क्यों, क्या नवाब और महाराजा भी ऐसे सुख और संतोष की हसरत नहीं रखते!'

बिस्मिल्लाह के इन उदार विचारों का निश्चित तौर पर उन रूढ़िवादी विचारधारा वाले लोगों से टकराव था। हालाँकि तब तक भारत में कट्टरवाद की जड़ें गहरे नहीं जमीं थीं, लेकिन दूसरे देशों के मुसलमानों के लिए बिस्मिल्लाह, उनके रहन-सहन का तरीका, उनके विश्वास और सबसे ऊपर उनकी मौसूकी इस्लाम के खिलाफ़ थी।

'मौसूकी, सुर, नमाज़- ये सब एक ही चीज़ हैं...' इस तरह के बयान कुछ मुश्किलें तो खड़ी करेंगे ही। बिस्मिल्लाह का संगीत-प्रेम और उनका उसे उच्चतम श्रद्धा और भक्ति के समकक्ष रखना- इस सबकी वज़ह से उनकी ओर कितनी ही सवालिया नज़रें उठतीं थीं। यहां एक मुसलमान था जो अबूझ पहेली बन गया था। वह मंदिरों में बजाता था, ज्ञान की देवी सरस्वती का वंदन करता था। बालाजी के दर्शन होने का दावा करता था, उसे गंगाजी की आध्यात्मिक रहस्यात्मकता से

बिस्मिल्लाह ख़ान, एक संपूर्ण कलाकार- संगीत के प्रति श्रद्धा ऐसी थी कि वह स्वयं को पूरी तरह उसमें डुबो देते थे- एक शहनाईवादक व गायक के रूप में भी।

गहरा लगाव था, फिर भी बेनागा नमाज़ पढता था, इस्लामी नियमों का सावधानी से पालन करता था, जैसे ज़कात और दूसरी तरह से ख़ैरात देना, विधि-विधान से रोज़ा रखना, मुहर्रम मनाना, हज करना यानी कि वह सब करना जो एक सच्चे शिया को करना चाहिए। यह बात दीग़र थी कि मुहर्रम के मौक़े पर भी जब वह फ़ातमा की मस्जिद जाते थे तो वहाँ भी अपनी शहनाई बजाते थे। जो राग वह बजाते थे उनमें मातम की अभिव्यक्ति होती थी। वह फ़ातमा जाकर एक पुराने पेड़ के नीचे बैठ जाते–बजाते जाते और रोते जाते, सुबह से शाम तक- दिन ढलने पर ही थक कर घर लौटते थे।

लेकिन इस्लाम में मौसूकी को गुनाह मानते हैं। इस्लाम के पूरे इतिहास में इसे हराम और ईश-निन्दा की तरह बताया गया है। यह इस्लाम का सूफ़ी मत ही था जिसमें क़व्वाल और संगीत शामिल हुआ। फ़िर भी भारत में मशहूर मुस्लिम फ़नकारों की संख्या बहुत है। उनमें से एक ने एक बार यह मज़ाक किया कि अगर

हम तब इतना अच्छा बजाते हैं, जब हमारा मज़हब इसे गुनाह बताता है, तो सोचिए अगर ऐसा न होता तो हम किन ऊंचाइयों पर पहुंचे होते!

मौसूकी बिस्मिल्लाह की पनाहगाह थी, अमन का ज़रिया थी, ख़ुशी और तस्कीन की जगह थी। तो जब एक बार ईराक़ में कुछ मौलवियों ने उनसे उनके संगीत के बारे में सवाल किए तो जवाब देने के लिए उनके पास अल्फ़ाज़ न थे, जवाब के लिए वह फिर अपने संगीत की ओर मुड़े और राग भैरव में 'अल्लाह-हू, अल्लाह हू, अल्लाह हू' गाना शुरू कर दिया। उन्होंने कहा 'मैं अल्लाह का नाम ले रहा हूं, क्या यह ईश-निन्दा है?' वह सब मौलाना, मौलवी और उनकी मुखालिफ़त करने वाले चुप हो गए।

बिस्मिल्लाह की संगीत के प्रति आस्था ऐसी थी कि वह उसमें अपना आपा ही खो देते थे, कभी-कभी वह नमाज़ पढ़ना भी भूल जाते थे। अगर संगीत अलौकिक हो 'बा-अस्सार' जैसा वह कहते थे, तो वह इबादत के बराबर है, वह ध्यान लगाता हो या नमाज़ हो। और उनके संगीत की यही आध्यात्मिकता थी जो श्रोताओं को मंत्रमुग्ध कर देती थी। नय्यर हुसैन ऐसा ही एक किस्सा बताते थे:

'ग्वालियर के तानसेन महोत्सव में ख़ान साहब को बजाने के लिए दिन का मुश्किल वक्त मुकर्रर किया गया – जो आमतौर से बड़ी प्रस्तुतियों के लिए नहीं दिया जाता- दोपहर को 2.15 बजे। ख़ान साहब ने मधुमती सारंग बजाया- और वह भारी भीड़ इस कदर ख़ामोश- हिलेडुले बिना सुन रही थी कि जब एक औरत ने अपनी कलाई ज़रा सी घुमाई, तो उसकी चूड़ियों की खनक तक सब सुन सकते थे! उस दिन उन्होंने क्या ही बजाया था!'

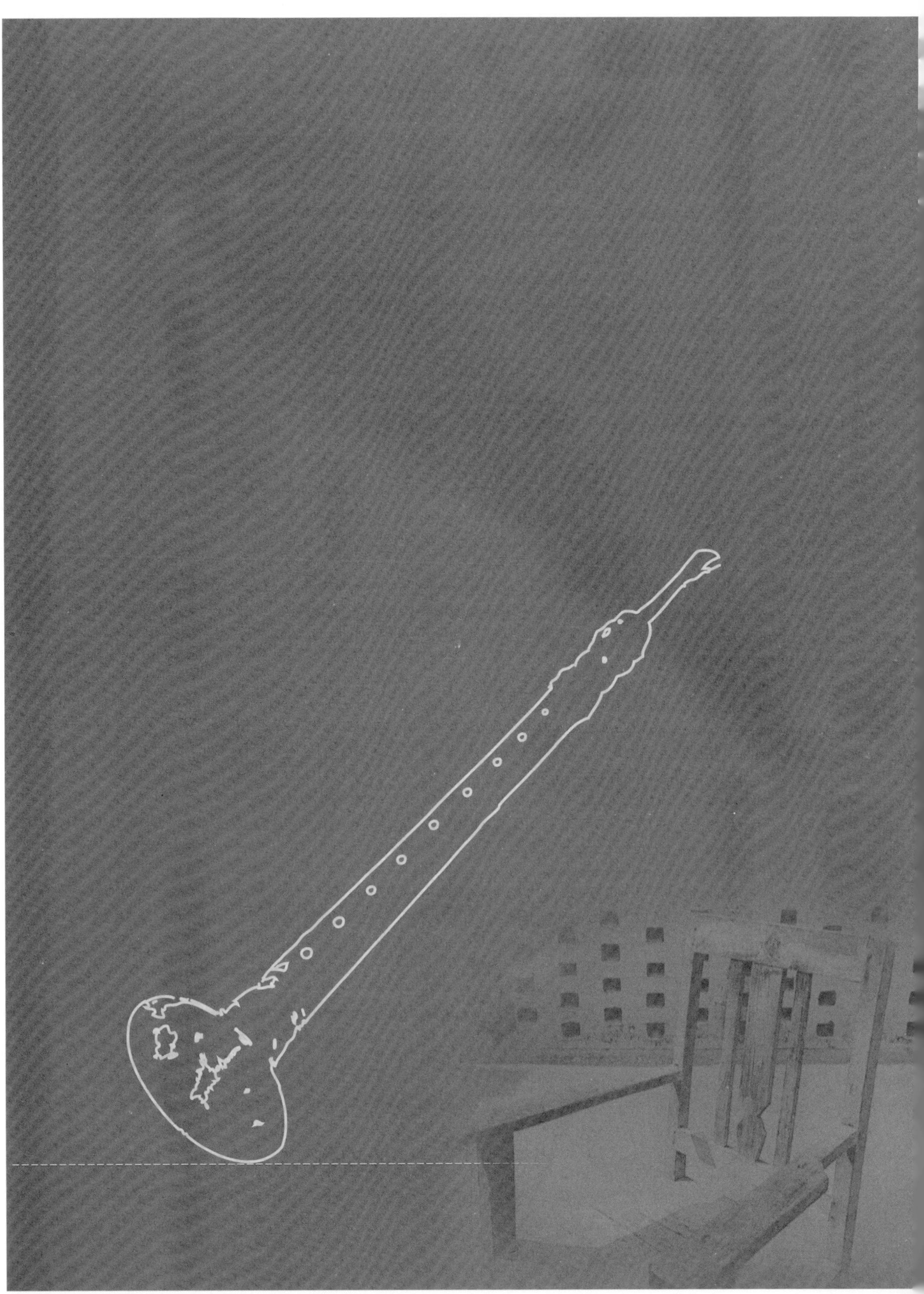

जीवन के अंतिम वर्ष

बिस्मिल्लाह ख़ान जैसे-जैसे भारतीय शास्त्रीय संगीत के आकाश की ऊंचाइयाँ छूते गए, पुरस्कार और सम्मान नियमित रूप से उन्हें मिलते रहे। काशी हिंदू विश्वविद्यालय और विश्व भारती विश्वविद्यालय, शान्ति निकेतन ने उन्हें मानद डॉक्टरेट की उपाधि प्रदान की। इन सब में सबसे प्रतिष्ठित पुरस्कार पद्मश्री (1961), पद्मभूषण (1968) और पद्म विभूषण (1980) थे। जीवन की अंतिम बेला में सन् 2001 में भारत रत्न प्रदान किया गया।

नीचे: *बनारस में बिस्मिल्लाह के घर की दीवार पर लटका भारत रत्न, भारत का सबसे बड़ा नागरिक सम्मान।*

बिस्मिल्लाह ख़ान राष्ट्रपति नीलम संजीव रेड्डी से पद्म विभूषण सम्मान प्राप्त करते हुए।

आमतौर पर सफल कलाकारों के जीवन में जैसा परिवर्तन आ जाता है उसके विपरीत बिस्मिल्लाह के घर, परिवार और रहन-सहन में कोई नाटकीय परिवर्तन नहीं आया था। यदि कुछ हुआ था तो यह कि उनका जो फ़कीरी और सादा रहन-सहन का स्वाभाविक रुझान था वह दिन-ब-दिन और भी मजबूत होता गया। सन् 1980 में उनकी पत्नी का इन्तक़ाल हो गया। उनकी मृत्यु से बिस्मिल्लाह अकेले हो गए। बहुत से लोगों ने सलाह दी कि दूसरी शादी कर लें पर उन्होंने अकेले ही रहना पसन्द किया। अक्सर अपनी शहनाई की ओर इशारा करके कहते कि यही उनकी संगिनी है। अपने घर के एक छोटे से तंग कमरे में बिस्मिल्लाह लोगों से, बेटों, बेटियों, दामादों, नाती, पोतों, दोस्तों और मुलाकातियों से घिरे रहते थे। कुछ लोग तो उसे 'बिस्मिल्लाह होटल' भी कह देते थे, लेकिन बिस्मिल्लाह छत पर बने इकलौते कमरे में अपने लिए जगह और शान्ति तलाश ही लेते थे। यह एक छोटा सा कमरा था जहाँ सादगी की अति थी। बस एक बिस्तर, एक मेज़ और कुछ उनकी ज़ाती चीज़ें ही उस कमरे में होती थीं- हाँ, उनकी शहनाई वहाँ ज़रूर होती थी। छत का फर्श खुरदरा ऊँचा-नीचा था जो मकान बनते

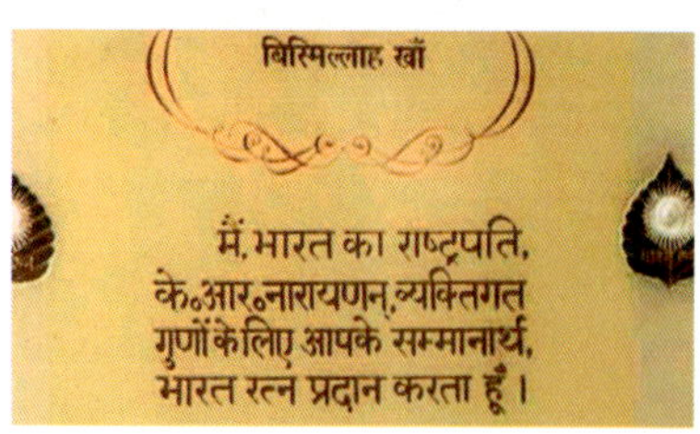

समय ही बनाया गया था। जाड़ों में अक्सर बिस्मिल्लाह बाहर चारपाई पर धूप सेंकते दिखाई देते थे। छत में एक तार बंधा था जिसमें उनके कपड़े सूखने के लिए फैले रहते थे। अपने जीवन में अधिकतर वह अपने कपड़े खुद ही धोते थे और अगर उन्हें घर पर ही रहना होता था तो बिना इस्तरी किए ही कपड़े पहन लेते थे। मुलाक़ातियों या घर वालों से मिलने के लिए बिना गद्दी बिना कुशन की एक लकड़ी की सादी कुर्सी ही उन्हें पसन्द थी। नीचे की मंज़िल पर रहने वालों की ज़िन्दगी बिस्मिल्लाह के ही इर्द गिर्द घूमती थी, अक्सर वह घर पर होते हुए भी उसका हिस्सा नहीं होते थे। उनके साथी थे उनकी नियमित नमाज़, उनकी शहनाई और उनकी साधना।

फिर घर की रोज़ी अकेले कमाने की ज़िम्मेदारी की वज़ह से न चाहते हुए भी घर चलाने की समस्याओं से रूबरू होना ही पड़ता था। बढ़ते परिवार के साथ ज़रूरतें भी बढ़ती गईं और दूसरा कोई वारिस नज़र नहीं आ रहा था, इसलिए ज़्यादा से ज़्यादा प्रस्तुतियाँ देने और बढ़ा हुआ मेहनताना माँगने की मज़बूरी हो गई। एक बार लेखिका के साथ साक्षात्कार में कलाकारों के लिए अपनी बात मजबूती से रखी – 'एक दुकानदार रोज़ कुछ ना कुछ बेचता है – चाँदी, सोना, चावल, दाल – कुछ भी, लेकिन कलाकार को तो अपनी प्रस्तुति कहीं पन्द्रह दिन में कभी-कभी एक महीना या उससे भी अधिक में देने का मौक़ा मिलता है, इसलिए हम सरकार से चाहते हैं कि वह फ़नकारों को कुछ इमदाद देकर सहारा दें'।

उनकी यह वेदना उनके बाद के अख़बारों या इलेक्ट्रॉनिक मीडिया को दिए साक्षात्कारों में और भी मुखर हो गई थी, जिसके लिए कुछ लोगों ने उनकी आलोचना भी की। बिस्मिल्लाह की दलीलें और उनकी ज़रूरतें सही थीं। लेकिन ज़्यादातर लोग मानते थे कि उनकी समस्या कम मेहनताना नहीं, बल्कि उनका बोझिल और बड़ा परिवार था। बिस्मिल्लाह को अधिकतर अपनी ज़िन्दगी में बतौर फ़नकार एक अनूठी ऊँची हैसियत मिली थी और आख़िर के दस-पन्द्रह साल तो वह अपने कार्यक्रम के लिए ऊँची कीमत लेते थे। लेकिन बिस्मिल्लाह अच्छे-खासे लाव-लश्कर के साथ आते थे- उनके दस-बारह लोगों के दल के लिए सफ़र और रहने-सहने का इंतज़ाम करना होता था। अपने क्षेत्र में प्रमुख कलाकार के नाते एक बड़ी पहचान वाले बिस्मिल्लाह और उनका दल पांच सितारा आवास का हक़दार था, लेकिन वे अक्सर किसी छोटे होटल में रहना पसन्द करते थे। मुंबई में ग्रांट रोड पर एक होटल था, अहमदाबाद के प्रचीरनगर के मानिक चौक के भीड़ भरे इलाके का छोटा सा होटल था और दिल्ली के ग़ैरफ़ेशनेबल पहाड़गंज इलाके के पर्यटक होटल के चुनाव में ख़ास तरजीह इस बात को दी जाती थी कि वहाँ से मस्जिद कितनी करीब है ताकि उन्हें अज़ान सुनाई दे जाए।

ख़्यालों में खोए उस्ताद। बढ़ती उम्र के साथ कभी-कभी किसी शख़्स या जगह के नाम पर धोखा हो जाता था।

साथ ही वहाँ व्यवस्था करने वाले और कर्मचारी उनको सालों से जानते पहचानते थे जिनके साथ उन्हें इत्मीनान रहता था। बहरहाल उनके सस्ते होटल में ठहरने के बावजूद उन्हें उनके हक़ के मुताबिक ही भुगतान किया जाता था। इसलिए गिने-चुने ही प्रायोजक थे जो बिस्मिल्लाह और उनके साथियों को बुलाने में समर्थ थे। जुगलबंदी और भी कम होती थी।

बिस्मिल्लाह अब भी विदेशों में कार्यक्रम करने जाते थे और उनकी हर प्रस्तुति सफल रहती थी। एक देश जहाँ वह नहीं गए थे वह था पाकिस्तान, हालांकि जो लोग भारत-पाकिस्तान के बीच सांस्कृतिक भेद करते हैं उनके वह खिलाफ़ थे। 'तुम दो देशों की मौसूकी के बीच कोई लाइन कैसे खींच सकते हो? जब वह मालकौंस गाएंगे, तो क्या वह दूसरा राग होगा? जब मैं तोड़ी बजाऊंगा तो क्या वह पाकिस्तान में बजाई जाने वाली से फ़र्क होगी?'

एक बार शेखर गुप्ता (इंडियन एक्सप्रेस के प्रधान संपादक) के साथ एक टीवी साक्षात्कार में उन्होंने बताया कि एक बार वह एक घंटे के लिए सरहद पार पाकिस्तान गए थे लेकिन उन्हें वहाँ अच्छा नहीं लगा। बहरहाल वह पाकिस्तानियों को नमस्कार और हिन्दुस्तानियों को सलाम अलैकुम कहकर खुश थे।

साक्षात्कार के दौरान, शेखर गुप्ता ने बिस्मिल्लाह से उनके बिना तामझाम वाली सादी जीवन-शैली के बारे में पूछा '... आपके दौर के सभी फ़नकारों ने काफ़ी पैसा बना लिया है – बड़े-बड़े घर बना लिए हैं, कई कई कारें हैं और जल्दी-जल्दी विदेश यात्रा करते हैं। और इधर आप हैं कि अपने उसी पुराने इलाके में सादगी से उसी पुराने मकान में रह रहे हैं। क्या आपको कभी पछतावा होता है? '

'नहीं, कभी नहीं। मैं यह कहता हूं कि अगर किसी को मुझसे मिलना है तो उसे यहां आना होगा। मैं कहीं नहीं जाऊंगा, चाहे वह राजा हो, महाराजा हो या कोई भी हो। अगर मेरा मन नहीं है, तो मुझे कोई कितना भी पैसा दे मैं नहीं जाऊंगा। देखिये यही मेरी दौलत है (शहनाई को माथे से लगाते हैं)। अल्लाह के फ़ज़ल से, जब यह मेरे हाथ में होती है, तो चाहे सारे जहान की दौलत मेरे पास लायी जाए, मैं कहूँगा 'जाइए अपना काम देखिए, ले जाइए इसे'। जब तक यह एक चीज़ मेरे पास है, किसी दूसरी चीज़ की क्या ज़रूरत है?

'तो आपको पैसे की परवाह नहीं हैं?'

'न, बिल्कुल नहीं।'

यह साक्षात्कार बिस्मिल्लाह की पहले की तरह ही कम ज़रूरतों वाले इन्सान की छवि को और भी पुख़्ता करता है। उनकी ज़िंदगी का हर पहलू खुला हुआ था, उनके पास कभी कार नहीं थी। घर के बाहर कोई रिक्शावाला, जिनमें ज़्यादातर उनके जाने-पहचाने थे, उनके लिए काफ़ी था। कभी-कभी वह कहते थे- 'अच्छी पोशाक, अच्छी बातचीत कलाकार का धन है', उनकी पोशाक भी महंगी नहीं होती थी, वह हमेशा मन्नू मास्टर की घरेलू कारीगरी से बनी होती थी।

उनकी ज़िन्दगी के बाद के दिनों में उनकी सादगी और फ़कीरी तौर-तरीकों के किस्से ख़ूब बयान किए जाते थे, जो उनकी छवि को बहुत बड़ा कर देते थे। प्रसिद्ध कत्थक मास्टर पंडित बिरजू महाराज ने लेखिका को विदेश में होने वाले एक महोत्सव के बारे में बताया, जिसमें ये दोनों कलाकार हिस्सा लेने वाले थे। एक दिन जब जहाज फ्रैंकफ़र्ट में कुछ देर के लिए रुका था तो अल-सुबह यह देखकर बिरजू महाराज को ताज्जुब हुआ और हँसी भी आई कि बिस्मिल्लाह वाशरूम से अपने कच्छे में निकले चले आ रहे हैं। जब उन्होंने उनसे कुछ एतराज़ जताया तो बिस्मिल्लाह ने जवाब दिया 'मैं तो ऐसा ही हूँ। और मैं सिर्फ़ इसलिए बदल जाऊं कि मैं फ्रैंकफ़र्ट के हवाई अड्डे पर हूँ, मुझे इसमें कोई तुक नहीं दिखता।' एक दूसरी

सामने का पृष्ठः *बातचीत के दौरान बिस्मिल्लाह ख़ान अक्सर ख़ासतौर पर गुरु-शिष्य परम्परा के घटते रिवाज़ का ज़िक्र करते थे। वह देश के नौजवानों को हरदम प्रेरित करते थे कि वह शास्त्रीय संगीत को अपनी रोज़मर्रा की ज़िन्दगी का हिस्सा बनाएं।*

घटना उनकी शिष्या, जगदीश प्रताप की बेटी, बागेश्वरी कमर बतातीं थीं। कुछ साल पहले दिल्ली आने पर बिस्मिल्लाह अपने दल-बल के साथ होटल के अपने कमरे में बैठे थे। बागेश्वरी भी वहीं थीं और उस घटना का इस प्रकार बयान किया:

'प्रेस के कुछ सदस्य बाबा से मिलने आए थे और होटल के कमरे के बाहर बैठे कर साक्षात्कार करने का इंतज़ार कर रहे थे। बाबा आराम के मूड में थे और अपनी आदत के मुताबिक वह लुंगी और बनियान में थे। था। हम सभी चाहते थे कि बाबा साक्षात्कार के लायक कुछ क़ायदे के कपड़े पहन लें, लेकिन कपड़े बदलने के लिए कहने की किसी की हिम्मत नहीं पड़ी। साक्षात्कार हो गया और सुबह अख़बारों में बाबा की लुंगी में तस्वीर छपी! लेकिन उन्हें कोई परवाह नहीं थी।'

यह पाठकों पर छोड़ दिया गया था कि वह तय करें कि क्या बिस्मिल्लाह एक भुलक्कड़ जीनियस हैं, या लापरवाह कलाकार, या कि मीडिया के लिए जानबूझ कर अपनी एक ऐसी छवि बनाई है, या ऐसे शख़्स हैं जो सच में ऐसा महसूस करते हैं कि वह इन दुनियावी चीज़ों से ऊपर हैं। यह भी संभव है कि दूसरे सजेधजे कलाकारों के मुक़ाबिल बिस्मिल्लाह अपनी सादगी के आभामंडल का लुत्फ़ भी उठाते हों। यह छवि ऐसे कलाकार, जो बाहरी तड़क भड़क पर निर्भर नहीं रहते, के रूप में उनकी प्रतिष्ठा को और भी मजबूती देती है – दृढ़ निश्चय के साथ बिना किसी मुलम्मे के लिली की तरह। यह सही है कि बूढ़े होने के साथ बिस्मिल्लाह में कुछ तानाशाही आ गई थी। कलाकार के नाते या घर का मुखिया होने के नाते बहुत कम लोग ही थे जो उनके प्रभुत्व को चुनौती दे सकते थे।

परिवार का मुखिया होने के नाते बिस्मिल्लाह दिल से आमदनी की फ़िक्र करते थे और इतना पैसा लाने की कोशिश करते थे कि उनकी ज़िन्दगी में और बाद में भी अपने, रिश्तेदारों और पड़ोसियों के परिवारों के लगभग सौ लोगों की ज़रूरतें पूरी हो सकें। उनकी अपनी ख़ुशी, संगीत और आध्यात्मिकता के साथ इस भौतिक संसार तथा ज़िन्दगी की ज़मीनी हकीक़त से तालमेल बैठाने की जद्दोजहद बिस्मिल्लाह की ज़िन्दगी में आख़िर तक बनी रही। एक सच्चे बनारसी की तरह उन्होंने काफ़ी हद तक यह तालमेल बैठा भी लिया था। जीवन के

कुछ आख़िरी सालों में बीमारी ने उन्हें पकड़ लिया और वह कुछ बंधा हुआ सा महसूस करने लगे।

जवानी के दिनों में बिस्मिल्लाह का कुश्ती के अखाड़ों में शारीरिक प्रशिक्षण, गंगा में नियमित रूप से तैरना, इन सब की वज़ह से उनका ज़िस्म बहुत मज़बूत था। इसके साथ ही नियमित दिनचर्या और सादा खान-पान भी था। नय्यर हुसैन बताते हैं कि उनके वालिद को खाने में पारंपरिक बनारसी खाने पसंद थे: अरहर की दाल, आलू और प्याज़ की बड़ियों की शोरबेदार सब्ज़ी, घी के साथ चपाती और गोश्त। वह हलाल गोश्त के बारे में ख़ास तौर पर ध्यान देते थे। अक्सर विदेश यात्राओं के दौरान वह गोश्त खाने से परहेज़ कर जाते थे कि ऐसा न हो कि यह हलाल का गोश्त न हो। बढ़ती उम्र के साथ उन्होंने गोश्त खाना कम कर दिया था। गोमांस की उनके घर में मनाही थी और कभी नहीं पकाया गया।

बिस्मिल्लाह की नमाज़ और रियाज़ बिना नागा चलता था, उन्होंने शराब कभी नहीं पी (हाँ कभी-कभी विल्स सिगरेट के कश ज़रूर ले लेते थे) और ज़्यादातर स्वाभाविक मौज-मस्ती के बनारसी अन्दाज़ में तनावमुक्त ही जीवन जीते थे। लेकिन अब बढ़ती उम्र का असर उन पर दिखने लगा था, बिस्मिल्लाह के घुटनों में तकलीफ़ रहने लगी थी, और अब घंटों का बैठकर रियाज़ और ऊँची-ऊँची सीढ़ियों पर कई मंजिल उतरने में उन्हें तकलीफ़ होने लगी थी। चलना, फिरना और सीढ़ियां चढ़ना-उतरना मुश्किल होने लगा था और 2001 में भारत रत्न लेने के लिए वह व्हील चेयर पर आए थे।

लेकिन उनका रियाज़ नियमित चलता रहा। वह हर दिन लगभग दो घंटा बजाते थे। वह अक्सर कहते थे कि संगीत तलवार की तरह होता है, तलवार को रख दो तो उस पर ज़ंग लग जाएगी, इन्हें हर समय काम के लायक़ तैयार रखना पड़ता है वर्ना वक़्त पड़ने पर तुम्हें धोखा दे देंगे। यह सही है कि शहनाई एक 'फूंक का साज़' है जिसके लिए फेफड़ों की ताकत चाहिए और धीरे-धीरे बिस्मिल्लाह को भी अपनी सीमा समझनी पड़ी। बाद के दिनों में उन्हें एक लकड़ी की कुर्सी पर बिठा कर सीढ़ियों से उतारा जाता था, फिर रिक्शे पर बिठा कर हवाई अड्डे तक लाया जाता था और उसके बाद होटल तक या कंसर्ट की जगह तक व्हील चेयर पर जाते थे। अक्सर बजाते वक़्त भी उनकी सांस उनका साथ नहीं देती थी तो वह अपने बेटों की ओर देख कर कार्यक्रम चलते रहने का इशारा करते थे। नय्यर हुसैन अपने वालिद की ख़्वाहिश के मुताबिक जब नहीं बजा पाते थे तब चिड़चिड़ाहट बिस्मिल्लाह के चेहरे पर साफ़ झलकती थी। तब वह अपने सबसे छोटे बेटे नाज़िम को तबला बजाने के लिए प्रोत्साहित करते थे, कभी-कभी तो यह सिलसिला इतना लम्बा हो जाता था कि कुछ एकल वादन जैसा बन जाता था। ऐसे मौकों पर बिस्मिल्लाह बहुत हताश होते थे लेकिन

बागेश्वरी कमर – बिस्मिल्लाह ख़ान के शिष्य जगदीश प्रताप की पुत्री। यह भी बिस्मिल्लाह ख़ान की शागिर्द रहीं हैं और उनके परिवार की सदस्य जैसी ही हैं। आज वह देश की अकेली महिला शहनाई वादक हैं।

उनके सामने कोई विकल्प भी नहीं था। अगर उनके अंदर का कलाकार बढ़ती उम्र के चलते उस तरह काम नहीं कर सकता था तो भी परिवार के अकेले कमाने वाले होने के नाते उन्हें काम तो करते रहना था। कभी-कभी एक घंटे के कार्यक्रम में वह कुछ मिनट ही बजा पाते थे। लेकिन उनका नाम अब भी बिकाऊ था इसलिए कार्यक्रम 'बिस्मिल्लाह ख़ान और साथी' के ही नाम पर होता था। उनके कार्यक्रम के टिकट बिक जाते थे और श्रोता उन्हें सुनने आते थे चाहे कुछ मिनट ही क्यों न हों, क्योंकि वह संगीत केवल बिस्मिल्लाह ही बजा सकते थे। सच तो यह है कि जहाँ बिस्मिल्लाह हों उस कार्यक्रम में एक घंटा रहना ही श्रोताओं के लिए पर्याप्त था, क्योंकि अब बिस्मिल्लाह और उनकी शहनाई को ऐसी प्रतिष्ठा मिल चुकी थी।

चूँकि बिस्मिल्लाह को अंग्रेज़ी दवाइयों पर बहुत कम यक़ीन था, इसलिए वह अपने पुराने दोस्त हकीम काज़िम से ही इलाज कराना पसंद करते थे। वह पास में ही दालमंडी में ही रहते थे। हालाँकि वह बिस्मिल्लाह को उनके जोड़ों की तकलीफ़ और सेहत के लिए दवाइयां देते थे लेकिन अक्सर यह कह कर छेड़ते भी थे –'अमाँ बिस्मिल्लाह! ज़रा अपनी उम्र का तो ख़्याल करो, असलियत समझो, कोई जादू नहीं होने वाला'। चूँकि दोनों एक ही उम्र के थे, इसलिए हकीम ऐसी बातें कह सकते थे।

जाड़े का मौसम बिस्मिल्लाह के लिए मुश्किल होता था। पत्थर की दीवारों वाला घर बहुत ठंडा हो जाता था, इसलिए दिन में वह छत पर धूप में बैठते थे और रात में एक बोरसी उनके कमरे में रखी जाती थी। फिर भी उन्हें अक्सर ठण्ड

बिस्मिल्लाह ख़ान कमरे के बाहर छत पर। उनके घर से सटी मस्ज़िद है और बिस्मिल्लाह को अज़ान सुनना पसंद था जो वह अपने कमरे से भी सुनते थे।

ऊपर दाएं: *बिस्मिल्लाह ख़ान के बैठने की कुर्सी।*

लग जाती थी और उन्हें बुख़ार, घुटनों के दर्द और कमज़ोरी के चलते हकीम के साथ-साथ डाक्टर को भी दिखाना पड़ता था। बिस्मिल्लाह इतने कमज़ोर हो गए थे कि 17 अगस्त, 2006 को उनके घर वालों और डा. मंसूर और डा. पाठक ने उन्हें हेरिटेज़ हास्पिटल में भर्ती होने के लिए राज़ी करने की कोशिश की, हालाँकि वह बहुत कमज़ोर हो गए थे, फिर भी उन्होंने मना कर दिया। उस समय के ज़िला कलेक्टर राजीव अग्रवाल के कहने पर वह अस्पताल गए। बिस्मिल्लाह के स्वास्थ्य के बारे में पूरा देश चिंतित था, सारे न्यूज़ चैनल्स उनके स्वास्थ्य के बारे में रोज़ ख़बर देते थे।

ग्लूकोज़ चढ़ रहा था, डॉक्टरों और घर वालों से घिरे बिस्मिल्लाह ने अपने बेटे नय्यर हुसैन से कहा कि वह अब बचेंगे नहीं। वह समझ गए कि सिर्फ़ बीमारी ही नहीं है उनकी उम्र भी इतनी है। वह पूरी ज़िन्दगी जी चुकें हैं और फिर कोई भी इंसान अमर तो नहीं होता। ऐसा प्रतीत होता है कि उन्हें कुछ आशंकाएं थीं, उनके आस-पास खड़े लोग बताते हैं कि मृत्यु से पहले वह धीरे-धीरे एक कजरी

बिस्मिल्लाह ख़ान की कब्र. फ़ातमन मस्जिद के एक कोने में नीम के पेड़ के नीचे वह दफ़न है, जहां वह मुहर्रम में बैठ कर पूरे दिन बजाया करते थे।

दाएं: *फ़ातमन में मस्जिद।*

प्रदर्शन के दौरान श्रोताओं को मंत्रमुग्ध करते बिस्मिल्लाह ख़ान।

गुनगुना रहे थे। अपने बेटे नय्यर हुसैन से कहे उनके आख़िरी अल्फ़ाज़ थे – 'ख़ुश रहो – जहाँ बैठोगे कामयाब रहोगे'।

सुबह 21 अगस्त, 2006 की सुबह 1.45 पर, बिस्मिल्लाह ने सीने में दर्द की शिकायत की। उन्हें आई.सी.यू. में रखा गया लेकिन थोड़ी ही देर में उन्होंने अंतिम साँस ली। बनारस और सेटलाइट चैनल्स के माध्यम से पूरी दुनिया में यह ख़बर जंगल में आग की तरह फैल गई।

एक महान संगीतकार जा चुका था, एक युग का अंत हो गया था। भारत सरकार ने एक दिन का राष्ट्रीय शोक घोषित कर दिया और पूरे देश में उस दिन झंडे आधे झुके रहे। बिस्मिल्लाह अपनी प्रिय फ़ातमन में उसी नीम के पेड़ के नीचे, जहां वह अक्सर बैठकर शहनाई बजाते थे, सुपुर्देख़ाक़ किए गए। राष्ट्रीय सम्मान और छत्तीस तोपों की सलामी से उन्हें अंतिम विदाई दी गई। आज दीवार पर लगा एक पुराना पोस्टर उनकी कब्र की पहचान है 'भारत रत्न बिस्मिल्लाह ख़ान की आख़िरी आरामगाह'। जैसे वह जीवन में थे वैसे ही मृत्यु के बाद भी- उनकी कब्र वैसी ही सादा- बिना किसी सजावट की, खुली।

जिस प्रकार राष्ट्र ने बिस्मिल्लाह ख़ान की मृत्यु पर शोक व्यक्त किया उसी प्रकार कलाकारों, नेताओं और दुनिया भर से लोगों ने बिस्मिल्लाह ख़ान और उनके हुनर को भावभीनी हार्दिक श्रद्धांजलि अर्पित की:

उस्ताद बिस्मिल्लाह ख़ान की मृत्यु के साथ ही वास्तव में शहनाई वादन के एक युग का अंत हो गया। वह एक नायाब नगीना थे- ऐसे संगीतकार जीवन में एक बार ही होते हैं। उनका नाम और उनकी मीठी धुनें देशभर का बच्चा-बच्चा जानता है और उन्होंने हर तरफ़ ख़ुशियाँ बांटीं।

भूतपूर्व राष्ट्रपति ए.पी.जे. अब्दुल कलाम

संगीत की दुनिया का यह बेहद दुखद दिन है। एक महान व्यक्तित्व, उस्ताद बिस्मिल्लाह ख़ान हमारे बीच नहीं रहे। उनकी मृत्यु से एक युग का अंत हो गया। मैं उन महान व्यक्तित्व, जिन्हें राष्ट्र के सर्वोच्च सम्मान भारत रत्न से अलंकृत किया गया है, के निधन पर उनके पूरे विश्व के करोड़ों प्रशंसकों और मित्रों के साथ हूं।

भूतपूर्व प्रधानमंत्री डॉ. मनमोहन सिंह

वह शहनाई के जादूगर थे। ऐसी फूंक अब नहीं सुनी जा सकेगी जैसा जो बिस्मिल्लाह ख़ान जी ने बजाया। वह अपने रागों में अपना दिल निकालकर रख देते थे।

पंडित किशन महाराज - तबला उस्ताद

मैंने ख़ान साहब से सीधे तौर पर कुछ सीखा नहीं है न ही अध्ययन किया है। लेकिन तमाम संगीतकारों की भांति अनजाने ही उनके संगीत और उनकी शैली से मैंने भी समझा है और आत्मसात किया है। जब मैंने उन्हें यह बात बताई तो उन्होंने मुझे दुआ दी और कहा कि यह आपका बड़प्पन है- ऐसी थी उस महान पुरुष की सादगी। सिर्फ़ संगीत ही उनका धर्म था। पूरे विश्व में श्रोताओं को अपने जादुई शहनाई वादन से मंत्रमुग्ध कर देते थे।

पंडित जसराज, गायक

बनारस में पंडित रवि शंकर के सालाना जलसे में मेरी अंतिम प्रस्तुति थी। सुबह के पांच बज रहे थे और बिस्मिल्लाह ख़ान साहब आख़िर तक सुनते रहे। उन्होंने

मुझसे कहा कि उनके मन में अंतर्द्वंद चल रहा था कि वह बैठें या नमाज़ के लिए चले जाएं तभी जो मैंने एक नोट बजाया तो उन्हें महसूस हुआ कि वह ईश्वर का आह्वान कर रहे हैं। उनके वे शब्द किसी 'लाइफ टाइम अवार्ड' से बढ़ कर थे। उनकी शहनाई हमारे देश का प्रतीक बन गई है- उनके संगीत की अपनी ही एक खूबसूरती है। उनका जाना मेरी व्यक्तिगत क्षति है।

उस्ताद अमजद अली ख़ान, सरोद वादक

वह मेरे लिए पिता की तरह थे - उनका निधन भारतीय संगीत जगत की महान क्षति है।

लता मंगेशकर, पार्श्व गायिका

मेरे जीवन में उस्ताद बिस्मिल्लाह ख़ान का अस्तित्व तब से है जब मैं सात साल का था। आज जब पूरा देश उनके निधन पर शोक मना रहा है, मुझे केवल इतना ही कहना है कि वह अब भी हमारे बीच मौजूद हैं- कि संत कभी मरते नहीं- और मेरे लिए, उस्ताद जी किसी संत से कम नहीं हैं, उनमें ईश्वर प्रदत्त प्रतिभा थी। जब वह शहनाई उठाकर अपने होंठों से लगाते थे और उसमें फूंक मारते थे, तो वह संगीत की सृष्टि नहीं करते थे, वह जादू कर देते थे। सच, न उनके जैसा कोई पहले हुआ न उनके बराबर कोई है, इसीलिए मैंने कभी उनके साथ जुगलबन्दी नहीं की। जुगलबन्दी तो बराबर के संगीतकारों के बीच ही हो सकती है। मैंने कभी भी अपने को उन महापुरुष के बराबर नहीं समझा। एक बार न्यूयॉर्क के टाउन हॉल में वे लोग चाहते थे कि हम दोनों एक साथ बजाएं। मैंने कहा कि मैं मंच पर उनका स्वागत करके उन्हें सम्मानित कर सकता हूं और शिष्य की भांति उनसे पहले बजा दूँगा।

चूंकि हम दोनों ही फूंक के साज़ बजाते हैं, वह मुझ से बहुत स्नेह करते थे और बहुत पसंद करते थे। हम दोनों ने एक साथ बस का सफ़र बहुत किया है, क्योंकि उन दिनों संगीतकार इस कदर हवाई सफ़र नहीं करते थे और न ही लक्ज़री होटलों में ठहरते थे। हमलोगों के पास अपने साज़ होते थे, साज़िन्दे होते थे और टूर बस हमें एक कार्यक्रम स्थल से दूसरे तक ले जाया करती थी।

पंडित हरि प्रसाद चौरसिया- बांसुरी वादक

वह हुबली में मेरे संगीत समारोहों में शामिल होते थे और जब कभी यादगार प्रस्तुति होती थी तो बाद में मुझे गले लगा लेते थे।

गंगुबाई हंगल, गायिका

ख़ान साहब की तीव्र इच्छा थी कि वह इंडिया गेट पर बजाएँ। यह कार्यक्रम अगले महीने होने वाला था। उनके निधन के बाद, हम सब कलाकार सोचते हैं कि उन्हें याद करने का सबसे अच्छा तरीका होगा कि इंडिया गेट पर उन्हीं के द्वारा बजाया गया संगीत बजाया जाए।

शोभना नारायण, कत्थक नर्तकी

बिस्मिल्लाह ख़ान की मृत्यु, यद्यपि बानवे (92) वर्ष की उम्र में हुई, फिर भी पूरा परिवार बेसहारा हो गया। यह बिस्मिल्लाह ही थे जिन्होंने परिवार को एक पहचान और कितना ही छोटा हो लेकिन समाज में एक स्थान दिलाया था। आज बिस्मिल्लाह के घर को जाने वाली गली के मुहाने पर एक तख्ती लगी है जो सब को बताती है कि यह वह जगह है जहां भारत रत्न बिस्मिल्लाह ख़ान रहते थे। बिस्मिल्लाह ख़ान के इतने बड़े ख़ानदान को कोई जानता भी नहीं। लगभग सत्तर साल की उम्र में, उनके दूसरे बेटे नय्यर हुसैन वादक के तौर पर पैर जमाने के लिए संघर्ष कर रहे हैं। इसके बावजूद कि उनके वालिद को हमेशा परिवार के लिए धन की ही चिंता रहती थी, नय्यर हुसैन कहते हैं कि पैसे की कोई परेशानी नहीं है। दूसरे लोग भी यही कहते हैं। जिला कलेक्टर ने लेखिका को बताया कि बिस्मिल्लाह के बैंक खाते में काफ़ी पैसे हैं। बागेश्वरी कमर बताती हैं कि बिस्मिल्लाह को अक्सर महंगे तोहफ़े मिलते थे, जैसे पूरी चांदी की शहनाई, सोने के ज़ेवर। दुबई के एक प्रशंसक ने बिस्मिल्लाह के पैर के लिए भारी सोने का कड़ा दिया था। बिस्मिल्लाह द्वारा अपने परिवार के लिए पर्याप्त धन छोड़ जाना- उनके जीवन भर के प्रयास का प्रतिफल है। बिस्मिल्लाह की मौत के बाद कुछ शुरुआती कहासुनी के बाद उनके आठों बच्चों ने आपसी समझौते से पैसों का बंटवारा कर लिया और अब सभी अपने वालिद की छाया से बाहर जीवन बिताना सीख रहे हैं। घर में बिस्मिल्लाह की उपस्थिति एक उदार तानाशाह की जैसी थी। हालाँकि वह अपने छत के कमरे में अकेले ही रहते थे लेकिन पूरा परिवार उनकी एक आवाज़ पर हाज़िर रहता था। वह जब भी अपने परिवार के किसी सदस्य से मिलना चाहते थे, तो उसे ऊपर बुला लेते थे, कुछ सवाल-जवाब करते थे और संतुष्ट हो जाने पर उसे वापस भेज देते थे। बिस्मिल्लाह को जैसे-जैसे सीढ़ियाँ चढ़ना-उतरना

मुश्किल होता गया, हर शख़्स औपचारिक, अनौपचारिक, बच्चा-बूढ़ा सभी को ऊपर चढ़कर जाना होता था, यहां तक कि नब्बे वर्ष की उम्र में मन्नू मास्टर को भी अपने पुराने दोस्त से मिलने धीरे-धीरे मशक्कत से सीढ़ियाँ चढ़कर ऊपर ही जाना पड़ता था।

बेनिया बाग में अपने घर के बरामदे में नाती-पोतों से घिरे बैठे बिस्मिल्लाह ख़ान।

अब छत के ऊपर का कमरा खाली रहता है। वह अपने पूर्व स्वामी के पूजास्थल की तरह बंद रखा जाता है। हर चीज़ अपनी जगह पर साफ़-सुथरी सही ढंग से रखी रहती है। सिर्फ़ लकड़ी और चांदी की शहनाइयां, जो बिस्मिल्लाह बजाते थे, वहाँ नहीं हैं। वह नय्यर हुसैन के अधिकार में हैं। उन्हें यह उम्मीद है कि उनके पिता के आशीर्वचन सही होंगे।

मृत्यु के समय बिस्मिल्लाह शान्त थे। उन्हें यह मालूम था कि वह अपने जीवनकाल में ही एक किंवदन्ती बन चुके हैं और वह अल्लाह के शुक्रगुज़ार रहते

थे कि उसने उन्हें इतना दिया। मृत्यु से कुछ साल पहले उन्होंने कहा था कि 'मुझे अल्लाह से इतना मिला है, यह उसका मेरे ऊपर करम है। मेरे दांत टूट गए हैं, मैं बूढ़ा हो गया हूं, पर जब मैं बजाने बैठता हूं- तो लोग कहते हैं कि मैं एक जवान हूँ- वह इसलिए नहीं कहते कि मैं सुनना चाहता हूं, बल्कि जब मैं बजाता हूं तो एक जवान आदमी की तरह हो जाता हूँ।

बिस्मिल्लाह ने बतौर-ए-कलाकार और एक इन्सान के तौर पर भी इतना कुछ हासिल कर लिया था कि उनकी ख़्वाहिशें बहुत कम रह गईं थीं। उन्होंने शहनाई को नौबतखानों और शादी-बारातों से निकाल कर राष्ट्रीय और अंतरराष्ट्रीय संगीत समारोहों के मंच तक पहुँचाया था। अकेले दम पर उनहोंने शहनाई को एक देशी, फूहड़, एक सड़क छाप साज़ के दर्ज़े से उठाकर एक उत्कृष्ट परिष्कृत साज़ का रूप दिया, जिसका संगीत प्रशंसनीय, आनन्दप्रद एवं अपनी कोटि में सर्वोत्कृष्ट था जो अपने समय के सर्वश्रेष्ठ वॉयलिन वादक, सितार वादक और गायकों के साथ जुगलबंदी के योग्य था।

इन्सान के तौर पर बिस्मिल्लाह भारत के सर्वोत्तम धर्मनिरपेक्ष व्यक्तित्व थे। बनारस में शायद ही कभी सांप्रदायिक दंगा हुआ हो, क्योंकि यहाँ हिंदू और मुसलमान दोनों ही समुदाय सदियों से मिलजुल कर रहते रहे हैं, लेकिन जब

बनारस, गंगा और उसके घाट, बिस्मिल्लाह और उनकी शहनाई के पर्याय बन गए हैं।

मार्च 2006 में शहर के संकटमोचन मंदिर में आतंकवादियों ने हमला किया, तो बिस्मिल्लाह ख़ान गंगा के तट पर जाकर अपनी शहनाई बजाने लगे- कि शहर में अमन-चैन बहाल हो सके। उन्होंने अपने नगर के लोगों से अपील नहीं की- वह सिर्फ़ राष्ट्रपिता और शांतिदूत महात्मा गांधी का प्रिय भजन 'रघु पति राघव राजा राम, पतित पावन सीता राम' बजाते रहे। सामने देखने वाले और टेलीविजन के दर्शकों की आँखों में आँसू- आँसू शर्म के कि देश को आज ऐसी आतंकवादी गतिविधियाँ देखनी पड़ रही हैं- और आँसू उस गर्व के कि भारत माँ का एक लाल है बिस्मिल्लाह ख़ान- एक ऐसा शख़्स जो सच्चे मायनों में भारत की मिलीजुली संस्कृति का - गंगा-जमुनी तहज़ीब का प्रतीक है। एक वह शख़्स जिसने एक बार कहा था, कि 'जब बच्चे मेरे 'रघुपति राघव राजा राम' गाने पर ख़ुश होकर तालियाँ बजाते हैं उस समय मुझे परम संतुष्टि मिलती है।'

इस प्राचीन नगर बनारस का एक ऐसा सपूत था, जिस पर वह सच्चे मायने में गर्व कर सकता है। उसी तरह बिस्मिल्लाह का गंगा और बनारस के प्रति ऐसा गहरा और अटूट आदर भाव भी एक किंवदंती ही बन गया है। वह हमेशा कहते थे 'बनारस मधुर संगीत और मिठास का नगर है- हमलोग जो यहां रह रहे हैं तकदीरी हैं, क्योंकि हम ही हैं जो वह सब आत्मसात कर सकते हैं।'

उपसंहार

बनारस- शाम का धुंधलका। गंगा आरती हो चुकी है, शान्त गंभीर नदी अपनी गति से बह रही है। कुछ दीये गंगा को अर्पित फूलों के साथ लहरों में हिचकोले ले रहे हैं। सैलानी, भक्त, पुजारी और यहां तक कि मल्लाह भी जा चुके हैं। अचानक अंधेरे को चीरती, चप्पुओं की छपछप के साथ मधुर स्वर में गाने की आवाज़ आती है। यह एक मल्लाह है जो शिव स्तुति में 'ओम नमः शिवाय, ओम नमः शिवाय' गा रहा है- राग है मालकौंस। वह सिर्फ़ दो लाइनें गा रहा है, लेकिन उसकी आवाज़ में मिठास है, पाकीज़गी है, ज़ोर है और राग की शुद्धता है। और यह हो भी क्यों न! यह गंगा और बनारस के घाटों का सहचर ही हो सकता है जो बिस्मिल्लाह ख़ान साहब के पसंदीदा राग को इतने आत्मविश्वास के साथ गा रहा है। नाव आगे बढ़ रही है लेकिन संगीत अभी भी लहरों में गूँज रहा है, हवा में तैर रहा है, संगीत और गंगा जैसे एक दूसरे में गुंथे हैं, उसी तरह जैसे बिस्मिल्लाह ख़ान, उनकी शहनाई का संगीत, गंगा की तरह शाश्वत और अमर है।

वंशावली

उस्ताद बिस्मिल्लाह ख़ान का पैतृक परिवार
निवास डुमरांव (बिहार)

सलार हुसैन ख़ान
|
सोहराब हुसैन ख़ान
|
हुसैन बक्श ख़ान
|
रसूल बक्श ख़ान
|
पैगम्बर बक्श ख़ान

- शमसुद्दीन ख़ान (उर्फ़ शमसुल)
- कमरुद्दीन ख़ान (उर्फ़ बिस्मिल्लाह ख़ान)

- मेहताब हुसैन
  - मोहम्मद हसनैन परवेज़
  - मोहम्मद सिब्ते हसन
  - राज़ी हसन
  - (1 बेटी)
- नय्यर हुसैन
  - नासिर हुसैन
  - यवार हुसैन
  - असद
  - फ़रहत
  - (4 बेटियां)
- ज़ामिन हुसैन,
  - ज़ावेद
    - गुड्डू
    - बाबू
    - आफ़ाक
    - (5 बेटियां)
- काज़िम हुसैन
  - नज़रे हसन
- नासिर हुसैन (अविवाहित)

शमसुद्दीन ख़ान (बड़े भाई)

- अबरार हुसैन
  - फ़ैज़ अली
  - हादी हुसैन
  - 3 बेटियां
- अली हैदर
  - हादी हुसैन
  - 3 बेटियां
- अली अकबर
  - बंदे अली
  - 3 बेटियां
- अली अब्बास
  - रज़ा अब्बास
  - 2 बेटियां
- अबुल हसन
  निःसंतान
- कालबे हसन
  अविवाहित

माता सम्बन्धी परिवार (वाराणसी)

रमज़ान अली (परनाना)

रजातस अली (नाना)

- विलायत अली
  3 बेटियां
- सादिक अली
  3 बेटियां
  (एक का विवाह बड़े भाई शमसुद्दीन ख़ान से और दूसरी का बिस्मिल्लाह ख़ान से हुआ था)
- अली बक्श
  3 बेटियां

संदर्भग्रंथ सूची

गांगुली, रीटा. *बिस्मिल्लाह ख़ान एंड बनारस: द सीट ऑफ़ शहनाई*, नई दिल्ली: सिद्धि बुक्स, 1994.

झा, नीना एंड झा, शिवनाथ. *उस्ताद बिस्मिल्लाह ख़ान: मोनोग्राफ़*, 2007.

डैरियन, स्टीवन जी. *ए गैंजेज़ ऑफ़ द माइंड: ए जर्नी ऑन द रिवर ऑफ़ ड्रीम्स*, दिल्ली: रत्ना सागर प्रा.लि., 1988.

दास, जी. एन. (संपा., अनु. एंड कॉम्प.). *कप्लेट्स फ़्रॉम कबीर*, दिल्ली: मोतीलाल बनारसीदास प्रकाशक, 1991.

फ़्रीटाग, सैंड्रिया बी. (संपा.). *कल्चर एंड पावर इन बनारस: कम्युनिटी, परफ़ार्मेंस एंड एन्वायरमेंट, 1800-1980*– दिल्ली: ऑक्सफ़ोर्ड यूनिवर्सिटी प्रेस, 1989.

फ्रेजर, जेम्स बेली. *एडिनबर्ग फिलॉसॉफिकल जर्नल*, वॉल्यूम 3, 5 जुलाई, 1820.

बाशम, ए.एल. (संपा). *अ कल्चरल हिस्ट्री ऑफ़ इण्डिया*, दिल्ली: ऑक्सफ़ोर्ड यूनिवर्सिटी प्रेस इंडिया, 1983.

बाशम, ए.एल. *द वंडर दैट वाज़ इंडिया*, 1954.

बृजपाल दास कमेमरेशन वॉल्यूम. कन्वीनर महेंद्र शाह, *स्मृति* वाराणसी: बृजपाल दास-रमा देवी फ़ाउंडेशन, 1995.

रत्नाकर, प्रमेश. बनारसः ए लिटिल मेस्ट्रो बुक, दिल्ली: लस्टर प्रेस, 1995.

रेनॉल्ड्स, होली बेकर और स्मिथ, बार्डवेल. द *सिटी एज़ अ सेक्रेड सेंटर: एस्सेज़ ऑन सिक्स एशियन* कांटेक्स्ट. लीडेन, द नीदरलैंड: ई. जे. ब्रिल, कन्टेक्स्ट, 1987.

लानोय, रिचर्ड. *बनारस सीन फ्रॉम विदिन*, बाथ: कैलिस्टो बुक्स 1999.

वर्मा, पवन के. एंड शंकर, सोंदीप. *मैन्शन्स एट डस्क: द हवेलीज़ ऑफ़ ओल्ड देहली, दिल्ली*: मनोहर पब्लिशर्स, 2003.

लेखक के साथ साक्षात्कार :
बिस्मिल्लाह ख़ान, पंडित छन्नू लाल मिश्रा, नय्यर हुसैन, मन्नू मास्टर,
पंडित बिरजू महाराज, बागेश्वरी कमर

फ़िल्में और वृत्तचित्र:
गूंज उठी शहनाई, स्वदेस
जूही सिन्हा द्वारा **वृत्तचित्र**

प्रस्तुतियां:
बिस्मिल्लाह और बनारस, (जूही सिन्हा द्वारा निर्देशित और
विदेश मंत्रालय, भारत सरकार द्वारा निर्मित); स्पिरिट ऑफ़ बनारस; द सिटी इटर्नल: वाराणसी

आभार

मैं बिस्मिल्लाह ख़ान और उनके समस्त परिवार; नियोगी बुक्स के बिकाश नियोगी और तुल्तुल नियोगी; अपनी स्मृतियाँ और कुछ चित्र साझा करने के लिए महेन्द्र शाह; रघु राय, अविनाश पसरीचा, पी. के. डे और सौविक सरकार को उनके निजी संग्रहों से लिए गए चित्रों के लिए और पांडुलिपि के सूक्ष्म अवलोकन और बहुमूल्य सुझावों के लिए मधुपर्णा बनर्जी को धन्यवाद ज्ञापित करती हूँ।

यह पुस्तक मूल रूप से मेरे द्वारा अंग्रेजी में लिखी गया है। इस पुस्तक का हिंदी अनुवाद अक्षय कुमार के द्वारा किया गया है। मैं इसके लिए उन्हें धन्यवाद ज्ञापित करती हूँ।

और अब अंत में अरुण को उनके सहयोग और उत्साहवर्धन के लिए तथा हमारे जीवन में मुस्कान लाने के लिए मीशा और अद्वैत को मेरा धन्यवाद ।